AF557992

LENA WEISS

ALLES ÜBER ENTWICKLUNG, ERNÄHRUNG, ALLTAG, ERZIEHUNG & CO.

FÜR EINEN ERFOLGREICHEN START INS ERSTE BABYJAHR (INKL. CHECKLISTEN, BEIKOSTEINFÜHRUNG UVM.)

INHALT

Hallo liebe Eltern in spe!

Schön, dass Sie sich für den Kauf dieses Ratgebers entschieden haben. Dieses Buch ist ein Rundum-sorglos-Paket für alle frischgebackenen Eltern und die, die es werden wollen. Nach der aufregenden (und manchmal auch belastenden) Zeit der Schwangerschaft und einer anstrengenden Geburt sind Sie endlich an Ihrem Ziel angelangt: Sie halten Ihr Baby in den Armen. Ihr wundervolles, hübsches und einzigartiges Baby. **Herzlichen Glückwunsch dazu!**

Einer der schönsten, wenn nicht gar der schönste Moment in Ihrem Leben. Genießen Sie ihn, so gut Sie können, und zehren Sie noch lange von den Wellen der Liebe, die Ihren Körper in diesem Moment durchfließen.

Das größte Abenteuer liegt jetzt aber noch vor Ihnen – das erste Lebensjahr Ihres Babys! Eine spannende, anstrengende und aufreibende Zeit erwartet Sie. Eine Zeit, wie Sie sie noch nie zuvor erlebt haben. Ein Baby, das rund um die Uhr von Ihnen umsorgt werden möchte, dessen Bedürfnisse Sie erst einmal kennenlernen müssen. Ihre neue Rolle als Eltern, die Paarbeziehung, die sich neu einspielen muss. Viele Sorgen und Ängste liegen jetzt vor Ihnen, ob finanzieller Natur, Angst vor Überforderung oder Unsicherheit, wie das Leben ab sofort gestaltet werden soll.

Dieses Buch wird Ihnen die meisten Ihrer Ängste nehmen können. Es ist ein zuverlässiger Begleiter während Babys erstem Jahr und immer ein kompetenter Ansprechpartner, der verlässlich an Ihrer Seite sein wird.

Dieses Buch beinhaltet alles, was Sie über Babys wissen müssen – von Formalitäten, die Sie am besten noch vor der Geburt erledigen sollten, über praktische Checklisten, die Ihnen Ihren Alltag enorm erleichtern werden, bis hin zu praxiserprobten Elterntricks. Dieser Ratgeber richtet sich sowohl an Mütter als auch an Väter, aber auch an alle anderen, die sich für Babys interessieren, zum Beispiel zukünftige Babysitter oder baldige Großeltern, die ihr angerostetes Wissen über Babys wieder auf Vordermann bringen wollen.

Wenn Sie oder Ihre Partnerin ein Kind erwarten, dann ist es am sinnvollsten, wenn Sie das Buch bereits während der Schwangerschaft durchlesen, damit Sie die Ankunft Ihres Kindes gut vorbereiten können und die erste Zeit nach der Geburt mit Kuscheleinheiten verbringen können und nicht gehetzt und auf den letzten Drücker noch Dinge erledigen müssen, wie etwa das Kinderzimmer einzurichten. Wenn Ihr Baby dann endlich da ist, sollten Sie diesen Ratgeber am besten immer in Reichweite haben, um Dinge schnell nachschlagen zu können. Vor allem die praktischen und leckeren Rezepte am Ende des Buches werden Sie nicht mehr missen wollen!

Ich habe das Buch so strukturiert, dass jedes Kapitel eine W-Frage beantwortet. So finden Sie sich im Inhaltsverzeichnis schnell zurecht und werden zügig Antworten auf Ihre drängenden Fragen finden. Am Ende jedes Kapitels habe ich die wichtigsten Erkenntnisse noch einmal kurz und prägnant auf den Punkt gebracht. Sie erkennen diese Abschnitte daran, dass sie **fett gedruckt** sind.

Ich freue mich schon riesig darauf, mit Ihnen gemeinsam in die spannende Welt der Babys einzutauchen – eine Welt voller Lachen, Küsschen und Kuscheln, aber auch voller durchwachter Nächte und Bauchschmerzen.

Gemeinsam schaffen wir das!

Herzlichst, Ihre Silvia Breitenbach

Wie Sie den Start in Ihre ersten Tage mit Baby am besten vorbereiten sollten – Eine Anleitung

Herzlichen Glückwunsch, Ihr Baby ist da! Jetzt geht das Elternsein so richtig los. Die ersten Tage auf der Entbindungsstation sind noch eine Art Safe Space, aber wenn Sie mit Ihrem Kind nach Hause kommen, sind Sie auf sich gestellt. Für viele Eltern eine wunderschöne Vorstellung, für andere irgendwie beängstigend. *„Dieses kleine Wesen, es ist doch so zart und zerbrechlich! Können wir es nicht aus Versehen kaputt machen? Was mache ich, wenn es schreit und sich nicht mehr beruhigen lässt?"*

Fragen über Fragen. Und jede davon hat ihre Berechtigung. Wenn Sie die Tipps in diesem Kapitel beherzigen, wird die erste Zeit zu Hause mit Ihrem Kind jedoch wunderschön werden.

Versprochen!

WARUM SIE UNBEDINGT EINE HEBAMME FÜR DIE BETREUUNG IM WOCHENBETT ENGAGIEREN SOLLTEN – DIE UNVERZICHTBARE HILFE FÜR DIE ERSTEN WOCHEN

Wenn Sie sich noch unsicher sind, ob Sie sich um eine Hebamme für die Nachsorge im Wochenbett kümmern sollten, dann werde ich Sie in diesem Kapitel hoffentlich davon überzeugen, dass eine Nachsorgehebamme ein absolutes Muss ist.

Ich werde Ihnen erklären, welche Aufgaben die Hebamme im Wochenbett übernimmt, wie früh Sie sich kümmern müssen, um auch wirklich einen der begehrten Plätze zu bekommen, und Ihnen erklären, wo Sie Hebammen finden können. Außerdem werde ich Sie darüber aufklären, welche Kosten auf Sie zukommen werden und wie lange Sie die Dienste der Hebamme in Anspruch nehmen können. Sie merken schon, dass ich nicht ganz unvoreingenommen bin. Ich hoffe wirklich,

Sie davon überzeugen zu können, dass eine Hebamme im Wochenbett einen großen Mehrwert bietet. Sie werden deutlich gelassener und entspannter aus dem Krankenhaus nach Hause gehen können, wenn Sie wissen, dass jemand jederzeit für Sie verfügbar ist, der Ihnen helfen kann und wertvolle Tipps für den Umgang mit dem Baby bereithält.

Sind Sie bereit? Dann fangen wir an!

Brauchen Sie wirklich unbedingt eine Hebamme zur Nachsorge im Wochenbett?

Es ist auf jeden Fall besser, eine Hebamme zu haben, die immer ansprechbar ist, sich mit Rat und Tat einbringt und Ihnen unter die Arme greifen kann. Zwingend erforderlich ist es jedoch nicht immer.

Wenn Sie ambulant entbinden und direkt nach der Geburt wieder nach Hause gehen, brauchen Sie auf jeden Fall eine Hebamme, damit die Versorgung in den ersten Tagen nach der Geburt sichergestellt ist und bei Auffälligkeiten am Baby direkt reagiert werden kann.

Wenn Sie jedoch, wie die meisten Frauen, einige Tage nach der Entbindung im Krankenhaus bleiben, dann ist eine Hebamme zur Nachsorge nicht zwingend notwendig. Ich empfehle es aber dennoch. Sie werden nicht bereuen, eine Nachsorgehebamme engagiert zu haben!

Welche Aufgaben hat eine Hebamme im Wochenbett?

Die Aufgaben, die eine Hebamme während der Schwangerschaft und auch während der Geburt hat, sind den meisten werdenden Eltern klar. Aber was genau ist die Aufgabe einer Hebamme im Wochenbett?

In erster Linie ist sie Ansprechpartnerin und beantwortet alle Fragen, die im Alltag mit Baby auftauchen. Grundsätzlich besteht die Betreuung im Wochenbett aus drei großen Bereichen:

1. Die Versorgung der Mutter im Wochenbett

Die Hebamme ist dafür da, sich um die Versorgung der Mutter nach der Entbindung zu kümmern. Sie erfragt das allgemeine Befinden, also ob Schmerzen oder andere körperliche Beschwerden vorliegen, ob es Probleme gibt und wie es um den psychischen Zustand bestellt ist. Auch die Brust wird regelmäßig untersucht: Gibt es

Probleme oder Beschwerden? Wie sieht es mit dem Stillen aus? Gibt es Anzeichen für einen entstehenden Milchstau?

Die Rückbildung nach der Geburt steht ebenfalls im Fokus. Hat sich die Gebärmutter bereits zurückgebildet? Ist der Wochenfluss unauffällig? Wie steht es mit der Wundheilung? Die meisten Hebammen haben auch jede Menge Übungen und Tipps für den Beckenboden, Verspannungen und andere Probleme (z. B. Verstopfungen) im Wochenbett auf Lager. Vielen Frauen tut es gut, dass sich jemand um sie kümmert und ein Auge auf sie hat.

2. Die Versorgung des Babys

Nachsorgehebammen kümmern sich auch darum, dass es dem Baby gut geht und es sich unauffällig entwickelt. Die Gewichtsentwicklung des Babys wird kontrolliert und auch die Versorgung der noch frischen Wunde am Nabel wird übernommen. Ihre Nachsorgehebamme kann Sie im Umgang mit dem Baby unterstützen, Ihnen die richtige Pflege zeigen und Ihnen beim ersten Bad des Babys zur Seite stehen. So können Sie deutlich beruhigter und entspannter die Pflege Ihres Babys erlernen.

3. Beratung beim Stillen und rund um die Ernährung des Babys

Nachsorgehebammen stehen Ihnen bei Problemen rund ums Stillen zur Seite, zeigen Ihnen verschiedene Anlegetechniken und beraten Sie bei Beschwerden.

Wenn es um Alternativen zum Stillen geht, ist die Hebamme ebenfalls die erste Ansprechpartnerin. Sie kennt sich mit Flaschennahrung aus und weiß genau, wie Babys an die Flasche herangeführt werden.

Auch beim Abstillen, wann auch immer das sein sollte, steht die Hebamme Ihnen zur Seite. Wenn es Zeit für Babys ersten Brei und die Beikost ist, wird die Hebamme Ihnen ebenfalls helfen können und Sie mit wertvollen Tipps unterstützen.

Wann sollten Sie sich um eine Hebamme für das Wochenbett kümmern?

Tatsächlich sollten Sie damit so schnell wie möglich beginnen. Es passiert häufiger, als man denkt, dass Frauen während der Schwangerschaft der Meinung sind, nach der Geburt keine Hebamme zu benötigen, sich später aber anders entscheiden und dann erstaunt sind, dass sie keine mehr finden.

Wenn das Baby da ist und man sich unsicher ist, ob alles in Ordnung ist, ob das Baby genug trinkt und der Nabel gut abheilt, dann wollen die meisten Eltern nämlich doch gerne jemanden haben, der vorbeischaut und sich kümmert.

Kümmern Sie sich so früh es geht um eine Hebamme! Tatsächlich am besten direkt nach dem positiven Test, wenn Sie besondere Anforderungen an Ihre Hebamme haben, zum Beispiel Akupunktur oder andere Zusatzleistungen. Besonders in Städten ist die Knappheit an Hebammen so groß, dass die Suche unbedingt vor der 12. SSW beginnen sollte. Je früher Sie sich für eine Hebamme entscheiden, desto besser. So bleibt auch mehr Zeit für das Kennenlernen und die ganze Schwangerschaft wird sich entspannter anfühlen.

Wo können Sie Hebammen finden?

Jetzt stellt sich natürlich noch die Frage, wo genau Sie Ihre zukünftige Hebamme finden können. Es gibt verschiedene Möglichkeiten: Hören Sie sich bei Freundinnen um, die bereits entbunden haben, fragen Sie in Ihrer Entbindungsklinik nach einer Liste oder suchen Sie ganz einfach im Internet. Auch die Seite *hebammensuche.de* möchte ich Ihnen ans Herz legen.

Was kostet eine Hebamme denn eigentlich?

Jetzt denken Sie sich bestimmt, dass das, was ich Ihnen erklärt habe, wirklich gut klingt, und Sie hätten auch gerne eine Hebamme für das Wochenbett. Aber, die Kosten... Ist das nicht richtig teuer? In der Elternzeit ist in Familien das Geld sowieso knapp und Babys kosten generell so viel...

Da kann ich Sie aber definitiv beruhigen. Bei gesetzlich versicherten Frauen werden die Kosten für die Betreuung durch eine Hebamme im Wochenbett komplett von der Krankenkasse übernommen. Im Regelfall steht die Hebamme sogar bis zum Ende der Stillzeit als Ansprechpartnerin zu Verfügung, was durch die Krankenkasse vollständig bezahlt wird.

Wenn Sie in einer privaten Krankenversicherung sind, sollten Sie sich an Ihre Versicherung wenden und die genauen Konditionen erfragen. Manche Kassen zahlen beispielsweise nur die Betreuung bis zum zehnten Lebenstag des Babys. Fragen Sie einfach nach!

Wie oft kommt meine Hebamme zur Nachsorge?

Wie oft die Hebamme Sie besuchen kommt, ist je nach Situation unterschiedlich. Bei einem Frühchen, mit dem es Probleme gibt, oder bei Mehrlingen kommt die Hebamme öfter als bei einem völlig unkomplizierten Baby, bei dem es keinerlei Beschwerden gibt und das problemlos gestillt wird.

Bei Bedarf kommt die Hebamme sogar jeden Tag vorbei! Sie werden einen individuellen Rhythmus finden. Verlassen Sie sich am besten auf die Erfahrungen Ihrer Hebamme.

Warum genau sollten Sie die Betreuung im Wochenbett durch eine Hebamme in Anspruch nehmen?

Eine Nachsorgehebamme hat sehr viele Vorteile. Für mich persönlich ist einer der größten Pluspunkte, dass sie zu Ihnen nach Hause kommt. Sie können ganz gemütlich auf dem Sofa sitzen und müssen nicht erst durch die halbe Stadt fahren und sich Stress machen.

Wenn Sie im Wochenbett engmaschig durch eine Hebamme betreut werden, sorgt das dafür, dass viele Probleme gar nicht erst entstehen können. Außerdem ist es wirklich beruhigend, wenn man jemanden hat, der bei Problemen zuhört, aufmuntert und immer erreichbar ist.

Auf den Punkt gebracht:

Eine Hebamme im Wochenbett, die zu Ihnen nach Hause kommt, ist wirklich Gold wert. Sie kümmern sich am besten so schnell es geht darum, eine Hebamme zu bekommen.

Frauen, die während des Wochenbetts von einer Hebamme betreut werden, sind deutlich entspannter und gelassener, weil sie wissen, dass sie immer jemanden haben, der im Notfall hilft.

WAS IHR BABY IN DEN ERSTEN TAGEN WIRKLICH BRAUCHT – NEUGEBORENE FÜR ANFÄNGER

Sie sind zu Hause angekommen, frisch aus dem Krankenhaus entlassen. Ihr Baby ist winzig klein, so zerbrechlich. Und Sie stehen daneben und sind erst mal überfordert. Das ist völlig normal!

Das Gefühl, dass die Verantwortung für das neugeborene Baby viel zu groß ist, und dass man unter dieser Last erdrückt wird, haben viele Neueltern. Dabei benötigen Babys in den ersten Tagen zu Hause gar nicht so viel!

Babys sind so konzipiert, dass Sie in den ersten Tagen gar nicht so viel falsch machen können und Schritt für Schritt lernen können, wie Sie richtig mit Ihrem Baby umgehen sollten. In den ersten sechs Wochen wird Ihr Baby fast die gesamte Zeit schlafen, erst danach wird es wacher und fordernder. Sehen Sie diese ersten sechs Wochen als Schonfrist und als Umstellungsphase auf das Leben mit Kind. In der ersten Zeit, also dem Wochenbett, benötigt Ihr Kind in erster Linie Geborgenheit, Liebe und Nähe. Ihr Baby braucht keine spannenden Spiele, keine Unterhaltung, keinen Trubel. Ihr Baby braucht ganz allein Sie. Ihre Streicheleinheiten, Ihre sanfte Stimme. Füttern Sie Ihr Baby, wenn es Hunger hat. Streicheln Sie ihm den Bauch, wenn es Bauchschmerzen hat. Seien Sie in seiner Nähe und geben Sie ihm die Geborgenheit, die es braucht. Ihr Baby benötigt in der ersten Zeit nicht viel Besuch, keine teure Kleidung, keine besondere Ausstattung.

Seien Sie ganz entspannt und sehen Sie der ersten Zeit mit Baby gelassen entgegen – Sie werden das schaffen. Es ist leichter, als Sie denken. Seien Sie für Ihr Baby da, vermitteln Sie ihm Liebe und Geborgenheit. Das ist das Erfolgsrezept für die erste Zeit mit Baby und das sollten Sie auch für die Zeit nach dem Wochenbett beherzigen.

Auf den Punkt gebracht:

In der ersten Zeit nach der Geburt braucht Ihr Baby in erster Linie Geborgenheit, Liebe und Nähe.

Sie brauchen keine Krabbelgruppe zu suchen und Sie müssen kein perfekt durchgestyltes Kinderzimmer vorbereitet haben. Gehen Sie es ganz entspannt an!

WAS DIE GOLDENEN REGELN FÜRS WOCHENBETT SIND – DIE WIRKLICH WICHTIGEN RATSCHLÄGE FÜR SIE

Das Wochenbett ist eine enorm wichtige Zeit, und zwar sowohl für das Baby als auch für die Mutter. Die ersten sechs Wochen nach der Geburt legen den Grundstein für alles Weitere, was noch kommen wird. Deswegen sollte es für Sie Priorität haben, dass das Wochenbett ist, was es auch wirklich sein sollte – eine Zeit der Ruhe, des Kennenlernens, der Geborgenheit. Hier erfahren Sie, wie Ihnen das am besten gelingen kann.

Nehmen Sie sich die Zeit, die Sie brauchen!

Ein Baby wurde geboren und stellt nun Ihr Leben auf den Kopf. Das ist wunderbar, aber auch verwirrend, überfordernd und emotional anstrengend. Nehmen Sie sich die Zeit, die Sie benötigen, um die Geburt zu verarbeiten und in der Situation anzukommen.

Niemand erwartet von Ihnen, dass Sie kurz nach der Geburt wieder perfekt aussehen, den Haushalt schmeißen und alles im Griff haben! Eine Familie zu werden, benötigt in erster Linie Zeit. Zeit, die Sie sich auf jeden Fall ohne schlechtes Gewissen nehmen sollten.

Holen Sie sich Hilfe, wenn Sie sie benötigen!

Wenn Sie das Gefühl haben, überfordert zu sein, dann holen Sie sich bitte Hilfe. Sei es im Haushalt, mit dem Baby oder in anderen Bereichen. Es ist keine Schande, sich überfordert zu fühlen. Es gibt genügend Menschen, die sich freuen, Ihnen in dieser aufregenden Zeit zur Seite zu stehen.

Lassen Sie sich von niemandem reinreden, was Sie machen sollten und was nicht!

Sie haben ein Baby bekommen. Sie haben nun die Verantwortung für dieses Kind. Es ist Ihre Familie und Ihr Leben! Gestalten Sie das Wochenbett genau so, wie Sie es haben wollen und wie Sie sich am wohlsten fühlen. Was Ihre Schwiegermutter davon hält oder Ihre Schwester, die schon drei Kinder hat, kann Ihnen völlig egal sein.

Gute Vorbereitung ist die halbe Miete!

Wenn Sie sich schon während der Schwangerschaft auf das Wochenbett vorbereitet haben, wird alles für Sie deutlich entspannter ablaufen. Kümmern Sie sich in der Schwangerschaft um Behördengänge und eine Hebamme, kochen Sie Mahlzeiten vor und kaufen Sie auf Vorrat ein.

Gehen Sie mit möglichst wenigen Erwartungen an die Sache heran!

Wer zu hohe Erwartungen hat, wird enttäuscht werden. So ist das in vielen Bereichen des Lebens und auch im Wochenbett. Wenn Sie sich während der Schwangerschaft ausmalen, dass das Wochenbett absolut entspannt und harmonisch abläuft, Sie nur glücklich kuschelnd mit dem Baby im Bett liegen und auf Wolke sieben schweben, werden Sie wahrscheinlich enttäuscht.

Das Wochenbett hat auch eher unschöne Seiten – die Geburtsverletzungen heilen, die Gebärmutter bildet sich zurück, was häufig mit Schmerzen verbunden ist. Auch Schwierigkeiten zu Beginn des Stillens sind normal. Viele Eltern haben am Anfang ein Gefühlschaos und sind überfordert.

Hängen Sie Ihre Erwartungen an die Zeit einfach etwas niedriger, dann können Sie nicht enttäuscht werden. Wenn Sie sich vornehmen, direkt nach der Geburt jeden Tag mit Ihrem Baby top gestylt spazieren zu gehen, Sie das aber nicht können, weil Sie Schmerzen beim Gehen haben, sind Sie wahrscheinlich enttäuscht.

Besuch sollte sich nach Ihren Wünschen und Vorstellungen richten!

Viele Eltern sind überrascht, wenn sich nach der Geburt die Verwandtschaft die Klinke in die Hand gibt, bewirtet werden möchte und „auch mal gefälligst das Baby halten“ möchte.

Sie sind nicht dazu verpflichtet, jeden Besucher willkommen zu heißen. Sie müssen Ihren Besuch auch nicht bewirten und Sie brauchen sich nicht dafür zu schämen, wie Ihre Wohnung aussieht. Ihr Besuch sollte sich nach Ihnen richten, nicht andersherum. Sie geben den Ton an!

Kommunizieren Sie Ihre Wünsche schon vor der Geburt!

Wenn Sie Ihre Wünsche für das Wochenbett bereits klar und deutlich vor der

Geburt mitteilen, ist das für alle Beteiligten entspannter. Niemand wird dann nach der Geburt beleidigt sein, weil er nicht direkt vorbeikommen darf. Ihr Umfeld wird sich auf Ihre Wünsche einstellen können und dann auch dementsprechend handeln.

Auf den Punkt gebracht:

Wenn Sie sich an diese sieben Regeln halten, werden Sie das Wochenbett in vollen Zügen genießen können.

Wie Sie als Familie zusammenwachsen können – So findet jeder seinen Platz

In diesem Teil des Buches geht es darum, als Familie zusammenzuwachsen. Sie werden praktische Ratschläge erhalten, wie es Ihnen gelingt, dass am Ende jedes Familienmitglied zufrieden ist und jeder seine Bedürfnisse erfüllt bekommt.

WIE SIE ALS FAMILIE ZUSAMMENWACHSEN KÖNNEN - VATER, MUTTER, KIND… ODER DOCH GANZ ANDERS?

Die ersten Wochen mit dem neugeborenen Baby sind eine absolute Herausforderung, aber gleichzeitig wunderschön. Je nachdem, ob das Baby Ihr erstes Kind ist oder Sie bereits ein Kind oder mehrere Kinder haben, ob Sie in einer Beziehung leben oder alleinerziehend sind, stehen Sie vor völlig unterschiedlichen Herausforderungen.

Bis sich das Familiengefüge zurechtgeruckelt hat, kann es mitunter eine anstrengende Zeit werden, die Ihre Geduld auf die Probe stellen wird. Es lohnt sich jedoch, Zeit in diesen Vorgang zu investieren. Wenn am Ende jedes Familienmitglied seine Rolle gefunden hat, wird das Familienleben umso harmonischer ablaufen.

Wenn aus einem Einzelkind plötzlich ein Geschwisterkind wird

Wenn ein Baby geboren wird und schon eines oder mehrere Geschwisterkinder da sind, stellt das die älteren Geschwister auf die Probe. Je nach Alter des Kindes oder der Kinder sind diese eifersüchtig und verstehen nicht, wieso sie nicht mehr im Mittelpunkt der Aufmerksamkeit stehen.

Umso wichtiger ist es, dass Sie Ihrem älteren Kind oder Ihren älteren Kindern nicht das Gefühl geben, weniger Liebe zu bekommen. Es gibt zwar kein Patentrezept, wie Sie Eifersucht zwischen Geschwistern verhindern können, und jedes Kind reagiert anders auf sein neues Geschwisterchen, aber ich habe hier ein paar Tipps für Sie vorbereitet, die Ihnen dabei helfen können, die erste Zeit mit Baby für Ihr älteres Kind oder Ihre älteren Kinder leichter zu machen.

Fangen Sie damit am besten schon in der Schwangerschaft an.

1. Beziehen Sie das Geschwisterkind mit in die Schwangerschaft ein.

Wenn Sie schwanger sind, können Sie den Grundstein für eine funktionierende Geschwisterbeziehung legen. Die Tipps, die ich hier vorbereitet habe, sind je nach Alter des älteren Kindes unterschiedlich gut geeignet.

Lassen Sie Ihr Kind den Babybauch streicheln und ihn mit Creme bemalen. Ihr Kind kann auch eine Spieluhr für das ungeborene Baby aufziehen, auf Ihren Bauch legen und dabei mit Ihnen kuscheln. Wenn das Baby anfängt, sich im Bauch so zu bewegen, dass man es von außen spüren kann, kann Ihr Kind mit seiner Hand die Bewegungen fühlen. Bereits ab der 20. Schwangerschaftswoche können ungeborene Babys hören. Lassen Sie Ihr Kind dem Baby doch etwas vorsingen.

2. Lassen Sie Ihr Kind bei den Vorbereitungen für das Baby helfen.

Basteln Sie gemeinsam mit Ihrem Kind ein Mobile für das Babyzimmer oder suchen Sie zusammen Spielzeug oder Kleidung aus. Wenn Sie Dinge für das Baby besorgen, sollten Sie auch immer eine Kleinigkeit für Ihr älteres Kind kaufen.

3. Erinnern Sie Ihr Kind daran, dass es selbst einmal ein Baby war.

Damit Ihr Kind nicht so eifersüchtig wird, sollten Sie mit ihm darüber sprechen, dass es selbst einmal ein Baby war. So kann Ihr Kind verstehen, dass jeder Mensch mal klein war und besondere Aufmerksamkeit benötigt hat.

Schauen Sie zusammen Babyfotos Ihres Kindes an und sprechen Sie über die Babyzeit Ihres Kindes. Das geht natürlich mit etwas älteren Kindern leichter als mit Kindern, die selbst noch Kleinkinder sind.

4. Besorgen Sie ein Buch zum Thema.

Es gibt viele tolle Bilderbücher für jedes Alter, in denen das Thema „Wir bekommen ein Baby“ ansprechend aufbereitet und altersgerecht erklärt wird. Lesen Sie Ihrem Kind das Buch vor und bereiten Sie Ihr Kind auf die kommende Zeit vor.

Erklären Sie Ihrem Kind auch jetzt schon, dass es Zeiten geben wird, in denen Ihr Kind hintenanstehen muss, weil das Baby dringende Bedürfnisse hat. Es ist eher kontraproduktiv, wenn Sie Ihrem Kind nur von den positiven Seiten eines Geschwisterkindes erzählen. Seien Sie grundsätzlich ehrlich und erklären Sie auch, dass das Baby zu Beginn noch kein Spielkamerad sein wird. Dann ist die Enttäuschung darüber etwas kleiner, dass das Baby zu Beginn noch nicht Fußball spielen wird oder vorlesen kann.

5. Planen Sie nach der Geburt bewusst Zeiten allein mit Ihrem älteren Kind ein.

Wenn Sie exklusive Zeiten mit Ihrem älteren Kind einplanen, wird es sich nicht so zurückgesetzt fühlen, wenn das Baby da ist. Nehmen Sie sich jeden Tag eine Stunde ganz bewusst Zeit für Ihr älteres Kind. Basteln Sie zusammen, malen Sie zusammen, unternehmen Sie etwas Tolles.

6. Besuchen Sie einen Geschwisterkurs.

Ab einem gewissen Alter gibt es sogenannte Geschwisterkurse. Das sind quasi Geburtsvorbereitungskurse für Geschwister. Ihr Kind erfährt dort alles Wissenswerte rund ums Baby und hat jede Menge Spaß mit Gleichaltrigen. Informieren Sie sich am besten, ob es solche Kurse auch in Ihrer Nähe gibt.

7. Kaufen Sie Ihrem Kind ein Geschwistergeschenk.

Ein alter, aber absolut bewährter Trick ist, dem älteren Kind zur Geburt ein Geschenk zu machen. Wahlweise können Sie ihm auch sagen, dass das Baby das Geschenk mitgebracht hat. So hat Ihr Kind direkt eine positive Einstellung dem Baby gegenüber und verbindet etwas Positives mit ihm.

8. Lassen Sie Ihr älteres Kind ruhig wieder Baby sein.

Viele Kleinkinder reagieren auf ein neues Baby in der Familie, indem sie selbst wieder wie ein Baby behandelt werden wollen. Erlauben Sie Ihrem Kind dieses Verhalten, denn es ist ein Signal dafür, dass Ihr Kind sich ebenfalls nach der Liebe und Aufmerksamkeit sehnt, die das Baby bekommt.

Lassen Sie Ihr Kind, wenn es möchte, wieder aus einer Babyflasche trinken und in Ihrem Bett schlafen. Das ist völlig normal. Wenn Ihr Kind merkt, dass es trotz des Babys immer noch geliebt wird und Aufmerksamkeit erhält, wird das Verhalten von ganz allein wieder auf den Stand „vor dem Baby“ zurückgehen.

9. Planung ist alles!

Die erste Zeit im Wochenbett wird sehr anstrengend für Sie werden. Umso wichtiger ist, dass Sie vorher möglichst viel vorbereitet haben, um mehr Zeit für Ihre Kinder zu haben. Kaufen Sie viel auf Vorrat ein, damit Sie nach der Geburt nicht direkt einkaufen müssen. Kochen Sie Mahlzeiten doppelt und frieren Sie sie ein, damit Sie weniger Zeit in der Küche verbringen müssen. Überlegen Sie vorher, wer Sie in welchem Umfang unterstützen kann, und stimmen Sie sich mit Ihrem Partner ab.

10. Überarbeiten Sie das Abendritual, falls notwendig.

Wenn Sie Ihr Kind bisher abends ins Bett gebracht haben, sollten Sie schon während der Schwangerschaft daran arbeiten, dass Ihr Partner diese Aufgabe übernimmt. So kann Ihr Kind sich ganz in Ruhe daran gewöhnen und es wird stressärmer, wenn das Baby da ist.

Wenn Sie das Abendritual erst umgestalten, wenn Ihr Baby da ist, wird das ältere Kind sich unter Umständen abgeschoben fühlen und erst recht eifersüchtig werden.

11. Nutzen Sie die Stillzeit für Ihr älteres Kind!

Wenn das Baby da ist, werden Sie viel Zeit mit Stillen oder Flasche geben verbringen. Nutzen Sie diese Zeit doch einfach, um sich mit Ihrem älteren Kind zu beschäftigen.

Sie können Ihrem Kind währenddessen vorlesen, gemeinsam ein Hörbuch oder Hörspiel hören oder eine Still-Überraschungskiste vorbereiten, in der Spielzeug ist, mit dem Ihr Kind nur während der Stillzeiten spielen darf. So nutzen Sie diese Zeiten sinnvoll mit Ihrem älteren Kind und geben ihm die Aufmerksamkeit, die es in der ersten Zeit mit Baby dringend braucht.

12. Lassen Sie Ihr Kind mithelfen.

Wenn Ihr älteres Kind mithelfen möchte, sollten Sie es auch lassen. Je nachdem, wie alt das Kind ist, kann es auch wirklich tatkräftig mit anpacken und Ihnen beim Wickeln helfen, Kleidung heraussuchen, die Flasche geben oder dem Baby etwas vorsingen. Ganz wichtig ist jedoch, dass Sie Ihr Kind nicht dazu zwingen, sich mit dem Baby zu beschäftigen.

Wenn es nicht möchte, dann sollten Sie das akzeptieren. Ermuntern Sie Ihr Kind jedoch, sich um sein Geschwisterchen zu kümmern. So lernt Ihr Kind, verantwortungsbewusst zu handeln und ist hinterher ganz stolz. Lassen Sie aber, vor allem bei kleinen Kindern, das helfende Kind nicht aus den Augen. Bleiben Sie immer in der Nähe, um schnell unterstützend eingreifen zu können.

Alleinerziehend – was nun?

Alleinerziehend mit einem Neugeborenen zu sein, ist eine besondere Herausforderung. Es ist wichtig, dass Sie sich ganz bewusst Hilfe suchen und sich dafür nicht schämen. Bitten Sie Freunde und Familie um Unterstützung. Auch Ihre Krankenkasse kann Ihnen eine Haushaltshilfe bezuschussen und Sie so unterstützen.

Sicherlich gibt es auch in Ihrer Nähe eine Beratungsstelle für alleinerziehende Mütter und Väter und Sie können sich dort auf die Suche nach Eltern in der gleichen Situation begeben.

Patchworkfamilien und ihre Chancen und Herausforderungen

Wenn ein Baby in eine Patchworkfamilie geboren wird, stellt das alle Beteiligten häufig vor besondere Herausforderungen. Es ist sehr schön, wenn eine Patchworkfamilie durch ein Baby enger zusammenwächst, kann aber für die Kinder, die schon da sind, besonders schwierig sein.

Häufig fühlen diese Kinder sich weniger geliebt als das „neue" Baby, weil dieses das Kind von beiden Elternteilen ist. Hier ist es besonders wichtig, dass Sie Ihrem älteren Kind bzw. den älteren Kindern zeigen, dass das nicht so ist und sie auch geliebt werden. Besonders hilfreich ist es dabei, wenn Sie sich mit Familien in ähnlichen Situationen vernetzen und sich Tipps geben lassen, die auf Ihre Situation zugeschnitten sind. Im nächsten Kapitel werden wir detailliert besprechen, welche Herausforderungen auf Paare zukommen, die frisch Eltern geworden sind. Wenn dieses Thema Sie interessiert, können Sie einfach weiterlesen.

Auf den Punkt gebracht:

Wenn Einzelkinder zu Geschwistern werden, ist das eine schwierige Zeit für die Kinder. Nehmen Sie die Sorgen und Nöte Ihres Kindes ernst und geben Sie ihm exklusive Zeit mit sich. Vermitteln Sie Ihrem Kind realistisch, was es bedeutet, ein Baby in der Familie zu haben, aber betonen Sie die positiven Seiten.

Dennoch wird es sicherlich schwierige Phasen mit viel Eifersucht geben. Das ist aber völlig normal und Sie sollten es Ihrem Kind auch zugestehen.

WIE SIE ALS ELTERN TROTZDEM PAAR BLEIBEN – SO VERLIEREN SIE SICH NICHT ALS PAAR

Viele Paare haben vor der Geburt Angst davor und das nicht ohne Grund. Nach der Geburt sind Sie in erster Linie Eltern und rund um die Uhr für einen kleinen, hilflosen Menschen verantwortlich.

Sie wechseln Windeln, waschen Wäsche, stillen, füttern, massieren Bauchschmerzen weg. Wo bleibt da die Zärtlichkeit? Wo bleibt die Zweisamkeit als Paar? In diesem Kapitel erfahren Sie, wie es Ihnen gelingen wird, auch weiterhin noch als Paar zu funktionieren und die Liebe zwischen sich zu erhalten.

Generell ist das erste Jahr mit Kind, also die Babyzeit, die härteste Probe, auf die Paare gestellt werden können. Das liegt daran, dass die Nebenwirkungen der Schwangerschaft noch zu spüren sind und die Transformation vom Paar zur Familie vollzogen wird. Im ersten Lebensjahr des Kindes kommt alles zusammen: hormonelle Schwankungen bei der Frau, Übermüdung bei beiden Elternteilen, ein dünnes Nervenkostüm, Unsicherheiten, neue Prioritäten.

In den ersten Lebenswochen des Kindes kommt es schnell zu Streit, weil die Nerven blank liegen. Viele Paare bekommen gar nicht wirklich mit, wie aus den Streitereien eine echte Krise entstehen kann. Der Ernst der Lage wird verkannt und irgendwann stehen die beiden Partner dann vor einem Scherbenhaufen ihrer Beziehung.

Damit so etwas erst gar nicht passieren kann, ist es wichtig, dass Sie sich gegenseitig nicht nur als Eltern des gemeinsamen Kindes wahrnehmen, sondern sich auch immer noch als Paar sehen. Es sollte auf Ihrer Prioritätenliste nicht nur um Ihr Baby gehen, sondern auch um sich selbst und Ihre Partnerschaft. Denn: Nur, wer mit seinem Leben und seiner Partnerschaft zufrieden ist, kann ein guter Vater oder eine gute Mutter sein.

Am häufigsten sind Eltern von Beziehungskrisen und -konflikten betroffen, die ihr erstes Baby bekommen haben. Bisher kannte man sich nur als Paar, war in einer vollkommen anderen Lebenssituation und hat ein komplett anderes Leben geführt. Beide Partner entwickeln sich jetzt jedoch durch das Baby weiter und das nicht immer in die gleiche Richtung. Die Veränderung startet direkt in der Schwangerschaft, sie beginnt schleichend und ist den meisten Menschen gar nicht direkt bewusst: Schwangerschaftsbeschwerden, Zukunftsängste, körperliche und seelische Veränderungen, veränderte Lebensgewohnheiten, Unzufriedenheit im Job, sexuelle Probleme, Eifersucht und Überforderung sind nur einige Beispiele. Die vorherige Leichtigkeit in der Beziehung ist häufig für immer vorbei. Damit kommen viele Paare schlecht oder gar nicht zurecht.

Hier sehen Sie die Liste der Probleme und Risikofaktoren und Lösungsmöglichkeiten, wie Sie am besten mit diesen Konfliktherden umgehen können:

- **Schwangerschaftsbeschwerden**

Wenn eine Frau schwanger ist, ist das eine anstrengende und belastende Zeit. Hormonelle Schwankungen, körperliche Beschwerden, Stimmungsschwankungen: All das führt häufig zu Streit.

Um diesem Streitpotenzial aus dem Weg zu gehen, sollte der werdende Vater Rücksicht auf seine Partnerin nehmen und großzügig über Stimmungsschwankungen hinwegsehen. Wenn gerade ein Stimmungstief vorliegt, sollte jede Diskussion vermieden werden, um Streit erst gar nicht entstehen zu lassen.

Blenden Sie das Thema Schwangerschaft und Baby einfach mal für ein paar Stunden aus und gehen Sie gemeinsam aus. Wenn Sie andere Dinge im Kopf haben, verringert sich auch das Konfliktpotenzial.

- **Zukunftsängste**

Zukunftsängste entstehen schon in der Schwangerschaft, werden aber häufig größer, wenn das Baby da ist. Haben wir immer genug Geld für unsere Familie? Schaffen wir es, uns um unser Kind zu kümmern? Werden wir eine gute Familie? Wenn die Gedanken nur noch um Ängste und Sorgen kreisen, ist Streit vorprogrammiert.

Machen Sie sich bewusst, dass Sie Ihr Bestes geben. Einige Sachen können Sie nicht verändern, das ist einfach der Lauf der Dinge. Üben Sie sich in Gelassenheit und Akzeptanz. Wenn Sie Ihr Bestes geben, dann wird die Zukunft gut werden.

- **Körperliche Veränderungen**

In der Schwangerschaft beginnt der weibliche Körper, sich zu verändern. Gewichtszunahme, Schwangerschaftsstreifen und Kurzatmigkeit sind nur einige Nebeneffekte der Schwangerschaft. Diese Veränderungen wirken sich auf die Beziehung aus, einige Frauen haben keine oder weniger Lust auf Sex, andere durch ihre hormonellen Veränderungen umso mehr.

Einige Männer finden ihre schwangere Frau besonders attraktiv und können gar nicht genug von Sex bekommen, andere hingegen gar nicht. Am besten ist es, wenn Sie offen und ehrlich über Ihre Erwartungen und Wünsche sprechen. Nehmen Sie Rücksicht aufeinander und akzeptieren Sie ein Nein des Partners. Manchmal muss man durch solche Durststrecken eben durch; zur Not können Sie sich auch selbst helfen.

- **Seelische Veränderungen**

Wenn ein Baby geboren wird, wird es automatisch zum Mittelpunkt, um den sich alles dreht. Eltern haben dann eine große Verantwortung und stellen häufig alles andere zurück. In vielen Fällen ist es so, dass Mütter sich nur noch um ihr Kind kümmern und alles andere vernachlässigen. Sie folgen dabei ihrem natürlichen und angeborenen Instinkt, denn Babys brauchen diesen hohen Grad an Zuwendung, um wachsen und gedeihen zu können.

Trotzdem sollte keine Frau „nur" noch Mama sein und sich selbst dabei völlig vergessen und aufgeben. Wenn ein Partner sich aufgrund des Babys von seiner Frau zurückgesetzt und vernachlässigt fühlt, sollte das auf jeden Fall angesprochen werden. Auch, wenn einer der Partner das Gefühl hat, dass die Partnerschaft immer unwichtiger oder immer weiter vernachlässigt wird, sollte das unbedingt angesprochen werden, um tiefen Beziehungskrisen vorbeugen zu können.

Machen Sie sich gegenseitig klar, dass Ihre Beziehung der Grundstein Ihrer neuen Familie ist. Ohne Ihre Beziehung gäbe es keine Familie. Sie sollte immer noch eine hohe Priorität haben und unter keinen Umständen vernachlässigt werden. Sonst könnte die gesamte Familie darunter leiden.

Vorwürfe sind jedoch fehl am Platz: Sprechen Sie über Ihre Gefühle, aber greifen Sie Ihren Partner nicht an. In einem offenen und ehrlichen, aber dennoch liebevollen Gespräch wird es Ihnen gelingen, neue Perspektiven zu schaffen und sich wieder anzunähern.

- **Veränderte Lebensgewohnheiten**

Ein weiterer Konfliktherd kann durch die durch das Baby veränderten Lebensgewohnheiten entstehen. In den meisten Familien ist es nach wie vor so, dass die klassische Rollenverteilung überwiegt: Die Mutter bleibt die erste Zeit zu Hause und kümmert sich um das Baby, der Vater kümmert sich um das Geldverdienen. Wenn der Mann abends nach Hause kommt, fühlt er sich häufig nicht für die

Babypflege verantwortlich und möchte sich lieber von der Arbeit erholen.

Das führt zu Streit, beide Partner entfremden sich voneinander. Man trifft sich seltener mit Freunden und Bekannten, kennt nur noch den Trott des Alltags und ist zunehmend erschöpft. Keine spannenden Kurztrips mehr, keine Partynächte mehr.

Sie können Krisen vorbeugen, indem Sie sich ganz bewusst Inseln der Auszeit als Paar genehmigen. Zwei oder drei Stunden „Quality Time“ reichen schon völlig aus, um dem Alltagstrott zu entfliehen und sich wieder als Paar zu sehen.

- **Die Veränderung der Sexualität**

Eine Schwangerschaft und die Geburt eines Kindes führen in den meisten Fällen auch zu einer Veränderung der Sexualität. Viele Paare leiden unter Blockaden nach der Geburt, die das Sexleben beeinträchtigen. Die Gründe dafür können vielfältig sein:

- der Anblick der Geburt
- die Empfindung der Frau, dass das Dasein als Mutter und Sex nicht zusammenpassen (kommt häufiger vor, als viele Leute denken)
- ein reduziertes Lustempfinden, entweder aufgrund von Müdigkeit oder weil das Baby zwischendurch etwas möchte
- Traurigkeit, weil die aufregende und einzigartige Zeit der Schwangerschaft schon vorbei ist
- die Tatsache, dass wieder verhütet werden muss
- Scham und Unzufriedenheit wegen des Körpers nach der Schwangerschaft

Damit Sie diese Blockaden umgehen können, hilft in den meisten Fällen eine langsame Annäherung. Nach der Geburt sollten Sie mit sanfteren und behutsamen Stellungen und Praktiken anfangen und sich nach und nach wieder aneinander herantasten.

Sie können mit der intimen Zeit auch einfach warten, bis Ihr Baby für ein paar Stunden bei Oma ist, so sind Sie dann auf jeden Fall ungestört. Gehen Sie ohne Druck an die Sache heran, das erleichtert es ungemein.

- **Berufliche Unzufriedenheit**

Wenn Mütter beruflich erfolgreich waren, bevor das Baby gekommen ist, und die Karriere nun hintenanstellen bzw. ganz aufgeben, führt das häufig zu Unzufriedenheit. Sie fühlen sich nicht mehr wertgeschätzt, sind unzufrieden mit sich selbst, fühlen sich nicht mehr ausgelastet.

„Nur" für das Kind da zu sein, füllt sie nicht aus; manchmal entwickeln sich sogar Minderwertigkeitskomplexe dem Partner gegenüber, der immer noch seine beruflichen Träume verwirklichen kann. Diese Unzufriedenheit führt dann häufig zu Streit und belastet die Beziehung.

Damit es erst gar nicht so weit kommt, sollten Sie sich Ihre Elternzeit aufteilen. So steckt jeder der beiden Partner auf gleiche Weise zurück und die berufliche Delle ist bei keinem wirklich groß.

Unterstützen Sie sich gegenseitig und arbeiten Sie gemeinsam an einem Kompromiss: Wie wäre zum Beispiel Homeoffice? Oder wenigstens ein paar Stunden pro Woche arbeiten? Meistens hilft das schon weiter. Viele Mütter entscheiden sich auch dafür, während der Elternzeit eine Fortbildung oder ein Studium zu beginnen. Vielleicht wäre das ja auch eine tolle Idee für Sie?

- **Unterschiedliche Erwartungshaltungen**

Unterschiedliche Erwartungshaltungen in einer Beziehung können sich nach der Geburt eines Kindes häufig einstellen. Sie wünschen sich mehr Zeit für sich allein, Ihr Partner hätte gerne mehr Zuneigung. Ihr Partner möchte die Zeit mit dem Baby zu Hause genießen, Sie wollen lieber zum PEKiP gehen.

Unterschiedliche Vorstellungen und Erwartungshaltungen lassen sich aber relativ einfach aus der Welt schaffen und mit Kompromissen entschärfen. Die Lösung ist einfach: Reden Sie über Ihre Erwartungen und Vorstellungen. Seien Sie offen und ehrlich miteinander. Häufig sind alle Beteiligten schon deutlich zufriedener, wenn sich Kleinigkeiten im Alltag ändern.

- **Konflikte mit der eigenen Biografie**

Wenn jemand Vater oder Mutter wird, verändert sich der Blickpunkt auf viele Dinge im eigenen Leben. Häufig fallen einem selbst dann Dinge aus dem eigenen Leben auf, die anders hätten laufen können. Ihre Eltern waren lieblos zu Ihnen? Sie hatten keine schöne Kindheit? Alte Wunden brechen auf, von denen Sie nicht mal wussten, dass sie überhaupt existieren. Die Trauer über Dinge, die mal waren, nimmt dann überhand und belastet die Beziehung. Um das zu verhindern, sollten Sie bei Bedarf Hilfe suchen. Selbsthilfegruppen und Therapeuten sind hier eine gute Anlaufstelle.

- **Eifersucht**

Eifersucht, wenn ein Baby geboren wurde. Da denken die meisten Leute eher an Geschwisterkinder, die nicht mehr im Mittelpunkt stehen. Tatsächlich können aber auch Eltern auf ihr eigenes Kind eifersüchtig werden, wenn das Baby plötzlich überall die Hauptrolle spielt. Vor allem Frauen leiden darunter, nach der Schwangerschaft nicht mehr so viel Aufmerksamkeit zu bekommen.

Sprechen Sie darüber! Schämen Sie sich nicht für diese Gefühle! Geben Sie sich gegenseitig die Aufmerksamkeit, die Sie benötigen. Reden Sie auch mit anderen Menschen darüber, wenn Sie sich vernachlässigt fühlen.

- **Überforderung**

Alle Eltern kennen das Gefühl der Überforderung, das sich einstellt, wenn man mit der Arbeit gar nicht mehr hinterherkommt. Wer überfordert ist, ist gereizt und kommt an seine Grenzen. Das führt dann häufig zu Streit und Konflikten in der Beziehung.

Überforderung ist etwas komplett Natürliches. Unterstützen Sie sich gegenseitig, seien Sie nachsichtig miteinander, aber sprechen Sie auch offen an, was Sie nervt. So können Sie gemeinsam nach Lösungen suchen, um den Stress abzubauen.

- **Müdigkeit**

Wer ein Baby bekommt, dessen Leben wird von heute auf morgen komplett anders: Schlaflose Nächte zehren an den Nerven, viele Herausforderungen und emotionale Belastungen liegen vor Ihnen. Auf diese Herausforderungen reagiert der Körper mit Müdigkeit, das ist völlig normal. Müdigkeit führt aber zu blank liegenden Nerven und zu deutlich mehr Streit in der Beziehung.

Damit das nicht passiert, sollten Sie beide sich immer wieder bewusst machen, dass Sie müde sind und dass dadurch Streit entstehen kann. Seien Sie deswegen gelassen und sehen Sie über Fehler Ihres Partners hinweg. Entlasten Sie sich gegenseitig und schaffen Sie sich Freiräume der Erholung.

Auf den Punkt gebracht:

Jedes Elternpaar kennt die Probleme und Schwierigkeiten des ersten Jahres mit Kind. Darüber redet jedoch kaum jemand; auch hier sind die Erwartungen der Gesellschaft einfach viel zu hoch und setzen frischgebackene Eltern unter Druck.

Nehmen Sie die Situation nicht einfach so hin, wie sie ist. Sprechen Sie miteinander, seien Sie ehrlich zueinander und diskutieren Sie Ihre Wünsche und Erwartungen offen und direkt aus, damit Frust erst gar nicht entstehen kann. Machen Sie sich bewusst, dass das Elternsein harte Arbeit bedeutet. Halten Sie sich immer Ihr gemeinsames Ziel vor Augen – eine Familie sein.

WELCHE ROLLE DER FRISCHGEBACKENE VATER IN DER ERSTEN ZEIT HABEN SOLLTE – SPRECHEN SIE IHRE ERWARTUNGEN AN!

Bisher haben wir die meiste Zeit über die Mutter gesprochen. Aber was ist eigentlich mit dem frischgebackenen Papa? Welche Rolle sollte er während der ersten Zeit mit dem Baby haben? Klare Regeln gibt es hier nicht. Nur Wünsche und Erwartungen. Und wie die am besten kommuniziert werden können, darum soll es in diesem Kapitel gehen.

Überlegen Sie sich am besten schon während der Schwangerschaft, was genau Sie von Ihrem Partner erwarten, und sprechen Sie offen darüber. Gleichen Sie miteinander ab, welche Erwartungen Sie gegenseitig haben und was Sie sich voneinander wünschen. Fragen Sie Ihren Partner, wie er sich einbringen möchte und welches Verständnis er vom Vatersein hat. Je ehrlicher und offener Sie miteinander darüber sprechen, desto weniger Konflikte wird es hinterher geben.

Überlegen Sie sich ganz genau, wie Sie Ihren Partner mit einbeziehen wollen. Wer soll nachts aufstehen und sich um das Baby kümmern? Wenn Sie stillen, kann Ihr Partner die Windeln wechseln. Oder Ihr Partner übernimmt einen größeren Teil im Haushalt als Sie.

Wenn solche Erwartungen nicht im Vorfeld abgeklärt und besprochen werden, ist das Risiko für Konflikte groß. Bei unterschiedlichen Erwartungen sollten Sie Kompromisse finden, mit denen beide Seiten gut leben können.

Häufig sind Probleme und Uneinigkeiten in Erziehungsfragen und Aufgabenteilung darauf zurückzuführen, dass in den Elternhäusern der beiden Partner völlig unterschiedliche Aufgabenteilungen vorherrschten. Dann kann es hilfreich sein, über die eigene Kindheit und die Rollen der eigenen Eltern offen zu sprechen und sich zu fragen, was gut daran war und was man selbst anders machen möchte.

Viele Väter haben das Gefühl, im ersten Lebensjahr nicht gebraucht zu werden, und fühlen sich überflüssig oder nutzlos. Das kann die Beziehung zwischen Vater und Kind negativ beeinflussen. Umso wichtiger ist es, dass auch in den ersten Lebenswochen und -monaten aktiv an der Beziehung zwischen Vater und Kind gearbeitet wird. Achten Sie darauf, dass Ihr Partner viel Körperkontakt zu Ihrem Baby hat, es kuschelt, trägt und wickelt. Nur so können sich ein stabiles Urvertrauen und eine gesunde Bindung entwickeln.

Viele Mütter neigen auch dazu, das Baby nur für sich selbst haben zu wollen, und drängen den Vater unbewusst weg. Reflektieren Sie Ihr eigenes Verhalten und fragen Sie sich regelmäßig, ob dieses Muster auch auf Sie zutrifft. Gewähren Sie Ihrem Partner ausreichend Zeit mit Ihrem Baby und auch Zeit allein.

Es kann gut sein, dass Ihr Partner Dinge mit dem Baby völlig anders handhabt als Sie selbst. Auch das ist absolut in Ordnung. Es gibt meist nicht „den einen Königsweg“. Lassen Sie Ihren Partner machen und geben Sie ihm Freiräume mit dem Baby. Wenn Ihr Partner das Baby anders beruhigt, hält oder füttert als Sie, dann ist das für Ihr Kind sogar vorteilhaft. Es lernt damit von Anfang an, dass es unterschiedliche Arten und Weisen gibt, Dinge zu erledigen.

Auf den Punkt gebracht:

Wenn Sie schon in der Schwangerschaft offen über Ihre Erwartungen an den zukünftigen Papa reden, wird dieses potenzielle Konfliktfeld deutlich entschärft. Seien Sie ehrlich zueinander und machen Sie sich bewusst, welche Erwartungen Sie haben und welches Rollenverständnis bei Ihnen vorherrscht. Finden Sie Kompromisse, mit denen jeder der Beteiligten leben kann.

WAS FRISCHGEBACKENE MÜTTER WIRKLICH BRAUCHEN – HÖREN SIE AUF IHRE BEDÜRFNISSE

Im Wochenbett dreht sich alles um Ihr Baby. Wenn Sie schon ältere Kinder haben, dann reiben Sie sich wahrscheinlich auf, um allen gerecht zu werden, und müssen einen wahren Spagat hinlegen, um alle Familienmitglieder zufriedenzustellen. Dabei bleibt jedoch häufig eine Person auf der Strecke. Und das sind Sie!

Es ist unglaublich wichtig, dass Sie Ihre eigenen Bedürfnisse im Wochenbett wahrnehmen und auch erfüllen. Nur eine Mutter, der es gut geht, kann sich um ihr Baby kümmern. Im Wochenbett geht es nicht darum, andere Menschen zufriedenzustellen, sondern darum, dass Sie und Ihr Baby zusammenwachsen, eine Bindung aufbauen und das familiäre Gefüge sich neu zusammensetzt.

Sie spielen eine Hauptrolle in diesem Stück! Ohne Sie läuft nichts! Setzen Sie daher Ihren Willen durch. Ihre Schwiegermutter möchte ständig vorbeikommen und drängt sich auf, obwohl Sie das nicht wollen? Dann setzen Sie durch, dass sie nicht kommen darf. Sie fühlen sich wohler, wenn Sie im Bett liegen bleiben können, haben aber ein schlechtes Gewissen? Befreien Sie sich von diesen Gedanken und bleiben Sie ruhig im Bett, Ihr Körper braucht diese Ruhezeit. Sie haben großen Hunger, aber wollen schnell wieder abnehmen, um attraktiv zu sein? Sie versorgen Ihr Baby und Ihr Körper regeneriert sich gerade! Sie brauchen kein schlechtes Gewissen zu haben, wenn Sie viel essen! Sie kümmern sich am liebsten um alles selbst und haben ein schlechtes Gewissen, wenn Sie andere Menschen um Hilfe bitten? Lassen Sie diese Denkweise hinter sich! Sie haben Hilfe verdient. Schämen Sie sich nicht, sie anzunehmen. Andere Mütter zeigen stolz auf Instagram, wie hübsch das Babyzimmer dekoriert ist und wie entspannt sie ihren Alltag wuppen und Sie bekommen dabei ein schlechtes Gewissen? Vergessen Sie das. Verschwenden Sie keine Zeit damit, anderen Menschen imponieren zu wollen. In den sozialen Netzwerken ist vieles mehr Schein als Sein. Ziehen Sie Ihr Ding durch und lassen Sie sich davon nicht blenden.

Auf den Punkt gebracht:

Sie stehen im Wochenbett im Vordergrund. Eine Mutter, die ihre eigenen Bedürfnisse hintenanstellt, geht auf Dauer kaputt und kann sich nicht mit vollem Herzen um ihr Kind kümmern.

WIE SIE WIEDER MIT SICH SELBST UND IHRER SEELE IN EINKLANG KOMMEN – DEM BABY BLUES ENTKOMMEN

Hurra, das Baby ist da! Die Freude ist riesig, wenn das Baby endlich da ist und die Strapazen der Schwangerschaft hinter Ihnen liegen. Aber... ab und zu meldet sich eine drängende Stimme in Ihrem Kopf:

„Du bist nicht genug! Du bist keine gute Mutter! Du siehst scheußlich aus! Wann hast du eigentlich das letzte Mal deine Haare gewaschen? Und weißt du was... du wirst nie wieder Zeit für dich selbst haben. Dein Leben wird sich nur noch um dein Baby drehen. Vergiss dein Leben!"

Diese Stimme ist schrecklich und kann Sie nicht nur herunterziehen, sondern auf Dauer wirklich unglücklich machen. Dabei ist es hormonell gesehen völlig normal, dass nach der Geburt die sogenannten „Heultage" kommen.

Tage, manchmal auch Wochen, in denen Mütter unglaublich traurig sind, das Gefühl haben, komplett überfordert zu sein und zu scheitern. Das Leben mit dem Neugeborenen ist dann nicht so, wie sie es sich vorgestellt haben. Diese Gefühle sind normal und gehören dazu! Sie müssen lediglich aufpassen, dass sie sich nicht zu einer ernsthaften Wochenbettdepression, auch postnatale Depression genannt, entwickeln.

Was der Unterschied zwischen Baby Blues und Wochenbettdepression ist, werde ich Ihnen in diesem Kapitel erklären. Außerdem werden Sie erfahren, wie Sie verhindern können, in eine Depression hineinzuschlittern, wie Sie Ihre Stimmung mit einfachen Tricks wieder aufhellen können und was Sie tun sollten, wenn Sie doch von einer Depression erwischt werden. Denn das ist völlig klar: Wenn Sie ernsthaft erkranken – und Depressionen sind ernsthafte Erkrankungen – sollten Sie auf jeden Fall ärztlichen Rat einholen und sich in professionelle Behandlung begeben. Schämen Sie sich nicht! Das Problem betrifft viel mehr Frauen als Sie vielleicht denken. Einen Babyblues erkennen Sie daran, dass er in den meisten Fällen maximal zwei Wochen andauert. Wenn Sie sich nach zwei Wochen immer noch schlecht fühlen, antriebslos sind und das Gefühl haben, Ihr Baby nicht lieben zu können, handelt es sich um eine postnatale Depression. Auch die Depressionen werden in einem der folgenden Abschnitte noch vertieft, wir fangen jedoch mit dem Baby Blues und den besten Tipps zu dessen Vorbeugung und akuter Bekämpfung an.

Die besten Tipps gegen den Babyblues:

1. Akzeptieren Sie Ihre Gefühle!

Sie haben sicherlich den Eindruck, dass die Gesellschaft und auch Ihr Umfeld einen gewissen Druck darauf ausüben, wie Sie sich zu fühlen haben. Und das stimmt auch. Überall wird vermittelt, dass es nichts Schöneres und Erfüllenderes gibt, als ein Baby zu haben und die Aufgaben und Pflichten zu erfüllen, die damit verbunden sind: zu stillen oder Flasche zu geben, das Baby zu waschen und seine Windeln zu wechseln, den Haushalt unter einen Hut zu bringen, wieder in Form zu kommen. Nichts sollte Sie glücklicher machen.

So ist die Realität aber meistens nicht. Sie müssen sich erst in Ihre neue Rolle einfinden, müssen mit einem Schlafdefizit fertig werden, lernen, so viel Verantwortung zu tragen. Das ist in Ordnung. Das darf Sie überfordern. Sie brauchen sich dafür nicht zu rechtfertigen oder zu schämen.

Die meisten Mütter fühlen so. Sie geben es nur nicht zu. Wenn Sie jedoch mit anderen Müttern, die teils auch bereits ältere Kinder haben, offen darüber sprechen, werden Ihnen die meisten erzählen, dass es ihnen ganz genauso ging wie Ihnen jetzt.

2. Geben Sie Ihren Gefühlen den Platz, den sie benötigen!

Wenn Sie Ihre Gefühle akzeptiert und angenommen haben, sollten Sie offen und ehrlich mit anderen darüber sprechen. Lassen Sie sich trösten. Umgeben Sie sich mit Menschen, die für Sie da sind und die ein offenes Ohr für Sie haben. Weinen Sie sich ruhig einmal richtig aus.

Ihre Hebamme wird Ihre Gefühle kennen und Ihnen ganz besonders gut zur Seite stehen! Wer seine Gefühle angesprochen und geteilt hat, hat sich in den meisten Fällen direkt wieder etwas Luft und Erleichterung verschafft.

3. Überarbeiten Sie Ihre Arbeitsteilung!

Wer sich komplett um alles kümmern muss, was mit dem Baby zu tun hat, fühlt sich zwangsläufig sehr belastet. Ein Kind ist ein Vollzeitjob; sogar mehr als das, eher ein 24-h-Job. Geben Sie Aufgaben ab, wenn Ihnen alles zu viel wird. Sprechen Sie mit Ihrem Partner, suchen Sie sich eine Haushaltshilfe (manchmal wird diese auch von der Krankenkasse bezahlt) oder bitten Sie eine Freundin oder Ihre Mutter um Hilfe. Die Leute werden sich darum reißen, Ihnen mit dem Baby zur Seite zu stehen!

4. Verlassen Sie Ihre Komfortzone!

Wer den ganzen Tag mit dem Baby zu Hause in seiner Komfortzone sitzt, dem wird relativ schnell die Decke auf den Kopf fallen. Schnappen Sie sich Ihr Kind, legen Sie es in den Kinderwagen und machen Sie einen Ausflug. Völlig egal, ob ein Spaziergang im Wald, eine Tour mit einer Freundin durch die Stadt oder ein Cafébesuch: Hauptsache raus! So werden Sie den Babyblues schnell los.

5. Bekämpfen Sie Ihren Schlafmangel!

Schlafen Sie sich mal wieder richtig aus, denn Schlafmangel kann dunkle Gedanken begünstigen. Bitten Sie Ihren Partner darum, das Baby für eine Nacht zu nehmen, und stellen Sie Flaschenmilch oder abgepumpte Muttermilch bereit.

Sie haben auch noch eigene Bedürfnisse! Wenn Sie diese völlig vernachlässigen und sich selbst aufgeben, können Sie sich auch um die Bedürfnisse Ihres Babys nicht mehr kümmern.

6. Gehen Sie aus!

Machen Sie sich mal wieder richtig hübsch und gönnen Sie sich einen Abend für sich. Schnappen Sie sich Ihren Partner oder eine Freundin und ziehen Sie durch Bars oder Clubs. Das wird eine richtige Kraftquelle sein, die Sie mit neuer Energie und Lebenskraft erfüllt.

Kommen wir jetzt zu den Wochenbettdepressionen bzw. den postnatalen Depressionen: Diese psychische Erkrankung betrifft ungefähr 15 % aller Mütter, die Dunkelziffer liegt wahrscheinlich deutlich höher.

Wenn ein Baby Blues nicht wieder abklingt und sich manifestiert, kann genau diese Erkrankung vorliegen. Die Symptome können bei jeder Frau unterschiedlich sein, äußern sich in den meisten Fällen jedoch so:

- starke Erschöpfung
- gefühlte massive Überforderung
- dauerhafte Traurigkeit
- starke Reizbarkeit
- ambivalente Gefühle dem Baby gegenüber
- ausgeprägte Ängstlichkeit

- das Gefühl, wertlos zu sein
- starke Schuldgefühle
- der Verlust von Interessen
- Schlaf- und Einschlafstörungen
- eine innere Leere
- Suizidgedanken

Wenn eines oder mehrere dieser Dinge mehr als zwei Wochen auf Sie zutrifft, sollten Sie sich dringend ärztliche Hilfe suchen. Dafür brauchen Sie sich auch nicht zu schämen!

Meistens zeigt sich diese Form der Depression direkt in den ersten Wochen nach der Geburt des Babys, kann jedoch grundsätzlich im gesamten ersten Lebensjahr des Babys auftreten. Die betroffenen Mütter haben dann Schwierigkeiten, eine Bindung und Beziehung zu ihrem Kind aufzubauen, 30 % aller Betroffenen entwickeln sogar eine ausgewachsene Bindungsstörung zu ihrem Baby.

Leider werden Frauen mit diesem psychischen Problem in unserer Gesellschaft stigmatisiert und bekommen das Gefühl, eine schlechte Mutter zu sein. Das führt zu noch schwerwiegenderen Problemen; ein Teufelskreis beginnt. Die Frauen versuchen dann, ihren Zustand zu verbergen, und geben nach außen hin das Bild einer glücklichen und zufriedenen Mutter ab. Dabei gibt es kaum etwas Wichtigeres, als offen und ehrlich über seine Gefühle zu sprechen und sich Unterstützung zu suchen! Die Ursachen und Risikofaktoren für Wochenbettdepressionen sind sehr unterschiedlich und immer individuell. Meist liegen entweder eine schwierige Lebenssituation, Konflikte in der Beziehung, mangelnde Unterstützung mit dem Baby, eine frühere psychische Erkrankung der Mutter oder eine genetische Vorbelastung vor. Häufig kombinieren sich auch mehrere dieser Risikofaktoren, was eine Behandlung noch schwieriger macht.

Die Behandlung der postnatalen Depression kann, je nach Ausprägung und Intensität, völlig unterschiedlich aussehen. In leichten Fällen reicht schon eine Haushaltshilfe aus, in anderen Fällen ist eine ambulante oder sogar stationäre Therapie nötig. Keine Sorge: Ihr Kind können Sie dabei problemlos mitnehmen.

Vorbeugen können Sie einer Wochenbettdepression leider nicht. Das Einzige, was Ihnen helfen kann, ist, vor der Geburt keine allzu hohen Erwartungen an sich selbst zu haben. Machen Sie sich bewusst, dass nach der Geburt schwierige Zeiten auf Sie zukommen werden und dass ein Baby zu haben mehr bedeutet als nur kuscheln und küssen.

Machen Sie sich außerdem bewusst, dass sich glückliche Kinder nur entwickeln können, wenn ihre Mütter glücklich sind. Planen Sie sich bewusst Freiräume und Auszeiten ein. Scheuen Sie sich nicht, um Hilfe zu bitten. Es ist keine Schande, krank zu sein!

Auf den Punkt gebracht:

Sie sollten zwischen dem Baby Blues und Wochenbettdepressionen unterscheiden. Beide sind leider immer noch Tabuthemen und beide können jede Mutter nach der Geburt treffen!

Den Babyblues werden Sie schnell wieder los, wenn Sie ein paar Tipps beachten. Wenn es Ihnen mehr als zwei Wochen schlecht geht, dann liegt eine Wochenbettdepression vor, die Sie unbedingt von einem Arzt oder einem Psychotherapeuten behandeln lassen sollten.

WARUM IHR KÖRPER NOCH LANGE BRAUCHT, UM WIEDER IN FORM ZU KOMMEN – IHR KÖRPER HAT GROẞARTIGES GELEISTET!

Nach der Schwangerschaft sind viele frischgebackene Mütter enttäuscht, dass sie noch nicht direkt wieder in ihre alten, hautengen Jeans passen. Und dass sie immer noch leicht außer Puste geraten, wenn sie Treppen steigen. Joggen oder lange Spaziergänge sind häufig auch noch nicht möglich. Und das ist völlig normal! Machen Sie sich deswegen keine Vorwürfe. Es ist völlig normal, dass der Körper nach der Schwangerschaft nicht wie vorher ist.

Einige Veränderungen bleiben auch für immer. Die Brust wird in den meisten Fällen nie wieder so straff aussehen wie früher. Ihre Hüften sind vielleicht breiter geworden. Und die Dehnungsstreifen am Bauch werden in Zukunft langsam verblassen, aber nie wieder komplett verschwinden. Einige Frauen haben mit einer leichten Inkontinenz zu kämpfen, die sich auch mit gezieltem Beckenbodentraining nicht beheben lässt.

Vielleicht macht Sie das traurig, Sie beginnen, an Ihrer Attraktivität zu zweifeln und Ihr Selbstwertgefühl sinkt. Auch das ist völlig normal. Machen Sie sich in solchen Momenten immer wieder bewusst, was Ihr Körper Großartiges geleistet hat! Sie haben ein Baby auf die Welt gebracht! Ein neuer Mensch ist in Ihnen herangewachsen. Das ist wundervoll. Sie haben so ein großes Glück, Mutter sein zu dürfen. Sie dürfen, nein, Sie müssen stolz auf Ihren Körper sein!

Wenn Sie an sich und Ihrem Körper zweifeln, dann halten Sie sich immer wieder vor Augen, was er geleistet hat. Seien Sie dankbar. Schauen Sie Ihr Baby an und genießen Sie diesen kleinen Menschen.
Ihre Narben, Dehnungsstreifen und breiten Hüften werden Sie immer an die magische Zeit der Schwangerschaft erinnern und Sie mit Ihrem Baby verbinden.

Auf den Punkt gebracht:

Sie haben Großartiges geleistet, Ihr Körper auch! Schämen Sie sich nicht dafür, sondern nehmen Sie Ihren Körper an, wie er ist. Er hat Ihnen Ihr Baby geschenkt!

WARUM RÜCKBILDUNG SO WICHTIG IST – BESIEGEN SIE IHREN INNEREN SCHWEINEHUND!

Rückbildung? Puuuh, nee. Das schaffe ich doch zeitlich überhaupt nicht. Ein- oder zweimal pro Woche mit dem Baby zusammen zu den Kursstunden hetzen, dabei versuchen, Sport zu machen, aber das Baby schreit die ganze Zeit? Die Babys der anderen Teilnehmerinnen natürlich auch. Keiner kommt wirklich zum Sport, alle sind gestresst. Die Nerven liegen blank. Also, Rückbildung lieber bleiben lassen. Wird ja sowieso überschätzt. Ich kann doch einfach ein paar Übungen von YouTube vor dem Sofa auf dem Boden machen, das reicht doch aus.

Kennen Sie diese Gedanken? Ich kann Sie absolut verstehen, in der ersten Zeit mit Baby ist der Kopf voll mit vielen verschiedenen Baustellen. Macht es da überhaupt Sinn, sich noch mit einer zusätzlichen Baustelle zu belasten und einen Rückbildungskurs anzufangen?

JA! Machen Sie es. Machen Sie es auf jeden Fall!

Die Teilnahme an einem professionellen Rückbildungskurs sollte für Sie ganz oben auf Ihrer To-do-Liste stehen. Ihr Körper hat während der Schwangerschaft Großartiges geleistet. Er hat ein Kind geschaffen, einen neuen Menschen! Neun Monate unter dem Herzen getragen, die anstrengende Geburt durchgemacht. Jetzt ist es an der Zeit, dass Sie ihm wieder etwas zurückgeben und ihn unterstützen. Und genau das machen Sie am besten, wenn Sie sich die Zeit nehmen, zur Rückbildung zu gehen.

In diesem Kapitel werde ich Ihnen erklären, warum die Rückbildungsgymnastik so wichtig für Sie und Ihren Körper ist. Und auch für Ihr Baby und Ihre Psyche. Außerdem habe ich zwei Rückbildungsübungen für Sie vorbereitet, die Sie ganz einfach zu Hause durchführen können. Seien Sie gespannt!

Warum sollten Sie Rückbildungsgymnastik in Anspruch nehmen?

Während der Schwangerschaft und der Geburt werden das Gewebe und die Muskulatur im Körper durch die Schwankungen des Hormonhaushalts weicher und elastischer. Durch diese Umstellung stellt Ihr Körper sicher, dass das Baby genug Platz im Bauch zum Wachsen hat und ohne größere Probleme den Geburtskanal passieren kann. Nach der Geburt zieht sich zwar alles wieder zusammen, der Beckenboden und viele Muskelgruppen bleiben jedoch noch elastisch und weich.

Generell hat die körperliche Leistungsfähigkeit bei vielen schwangeren Frauen nachgelassen und sollte wieder aufgebaut werden. Insbesondere der Beckenboden ist wichtig dafür, auch langfristig Problemen wie Inkontinenz vorzubeugen. Wer einen untrainierten und weichen Beckenboden hat, bekommt häufig früher oder später Probleme mit Inkontinenz.

Aber nicht nur der Beckenboden steht in guten Rückbildungskursen im Vordergrund. Die gesamte Belastbarkeit und Ausdauer des Körpers sollen wieder auf Vordermann gebracht werden. Von den Schultern bis zu den Fußsohlen werden Sie langsam wieder an sportliche Betätigung herangeführt und tun etwas für sich selbst und Ihren Körper. Zusätzlich bietet Ihnen ein Rückbildungskurs die Möglichkeit, andere Mütter kennenzulernen, deren Kinder ungefähr gleich alt sind, Kontakte zu knüpfen und sich über Babys und deren Entwicklung auszutauschen.

Wann können Sie mit der Rückbildungsgymnastik beginnen?

Wie schnell Sie dazu in der Lage sind, mit der Rückbildungsgymnastik zu beginnen, hängt vor allem davon ab, wie Ihre körperliche Verfassung nach der Geburt ist und wie sportlich Sie bisher waren.

Wenn Sie bereits vor der Schwangerschaft sportlich aktiv waren, auch während der Schwangerschaft Sport gemacht haben, sich fit gehalten haben und die Geburt ohne Komplikationen und Schwierigkeiten verlaufen ist, können Sie relativ schnell mit der Rückbildung beginnen. Bitten Sie Ihre Hebamme darum, Ihnen den Startschuss zu geben und legen Sie dann los.

Wenn Sie jedoch generell ein eher unsportlicher Mensch sind, in der Schwangerschaft gesundheitliche Probleme hatten oder es während der Geburt Komplikationen oder einen Kaiserschnitt gab, sollten Sie lieber noch etwas warten. Fragen Sie auch hier Ihre Hebamme um Rat.

Damit Ihr Rückbildungskurs von der Krankenkasse übernommen werden kann, sollten Sie ihn innerhalb der ersten vier Monate nach der Geburt beginnen und bis neun Monate nach der Geburt abgeschlossen haben.

Informieren Sie sich umfassend über Kursangebote in Ihrer Nähe. Es gibt Kurse mit Baby, Kurse ohne Baby, Kombikurse, bei denen Ihr Partner Babymassage erlernen kann, Kompaktkurse und lang gestreckte Kurse. Nehmen Sie sich ausreichend Zeit dafür, herauszufinden, welcher Kurs am besten zu Ihren Bedürfnissen passt, und klären Sie die Kostenübernahme durch Ihre Krankenkasse ab. Es gibt auch immer mehr Kurse über Videokonferenztools. Diese Kurse ermöglichen auch viel beschäftigten Müttern eine regelmäßige Teilnahme.

Übrigens: Die meisten Rückbildungskurse sind sehr schnell ausgebucht und heiß begehrt. Am sinnvollsten ist es, wenn Sie sich bereits während der Schwangerschaft über mögliche Kurse informieren. Melden Sie sich dann direkt für einen Kurs an, wenn Ihr Baby auf der Welt ist. So gehen Sie auf Nummer sicher, dass Sie auf jeden Fall einen der begehrten Plätze an Ihrem Wunschort bekommen.

Auch, wenn ich Ihnen dringend ans Herz lege, einen professionellen Rückbildungskurs bei einer Hebamme zu absolvieren, können Sie die folgenden beiden Übungen schon vorab und ganz entspannt zu Hause in Eigenregie durchführen. Zehn Minuten täglich reichen dafür aus. Sehen Sie die beiden Übungen aber wirklich nur als Ergänzung zu einem richtigen Kurs. Diese Übungen allein können einen professionellen Kurs bei Weitem nicht ersetzen.

Übung 1: Rückbildungsgymnastik im Liegen

In der ersten Zeit nach der Geburt reicht es völlig aus, wenn Sie sich auf den Rücken legen, Ihre Beine leicht aufstellen und dann Ihren Beckenboden so fest und so oft wie möglich anspannen und wieder entspannen. Das gelingt Ihnen am besten, indem Sie sich vorstellen, auf der Toilette den Urinstrahl zu unterbrechen.

Übung 2: Rückbildungsgymnastik in der Bauchlage

Legen Sie sich auf den Bauch und winkeln Sie eins Ihrer Beine seitlich an. Spannen Sie dann mit aller Kraft Ihre Beckenbodenmuskulatur an.

Achten Sie dabei jedoch immer darauf, dass Sie keine weiteren Muskeln anspannen. Halten Sie die Spannung kurz aufrecht und entspannen Sie sich anschließend wieder.

Auf den Punkt gebracht:

Rückbildung ist sehr wichtig, damit Ihr Körper wieder in Schwung kommt und Sie wieder fit werden. Nehmen Sie das Thema auf keinen Fall auf die leichte Schulter. Glücklicherweise werden Rückbildungskurse von der Krankenkasse bezahlt.

Wie Sie sich mit Ihrem Baby beschäftigen sollten – Tipps und Tricks für glückliche und zufriedene Babys

In diesem Buchteil erfahren Sie, wie Sie sich am besten mit Ihrem Baby beschäftigen sollten. Frischgebackene Eltern sind meist damit überfordert, ob sie für ihr Kind schon in den ersten Lebensmonaten Spielzeug kaufen sollen und wenn ja, welches. Auch die Frage, wie eine tiefe und sichere Bindung zum Baby aufgebaut werden kann, wird sich häufig gestellt. Wie viele soziale Kontakte und Spielkameraden benötigen Babys? Auch darauf werden Sie hier eine Antwort finden. Eine sehr kontroverse Frage, die viele Eltern beschäftigt und auch unter Experten zu Diskussionen führt, ist die, ob Kurse wie PEKiP oder musikalische Frühförderung für Babys sinnvoll sind oder nicht. Seien Sie gespannt, was ich Ihnen dazu sagen werde. So können Sie für sich persönlich eine fundierte und ausgewogene Entscheidung treffen.

WIE BESCHÄFTIGE ICH MEIN BABY AM BESTEN – BRAUCHEN BABYS SPIELZEUG?

Jedes Baby möchte spielen und braucht Beschäftigung. Durch das Spielen entwickeln sich wichtige soziale, motorische und kognitive Fähigkeiten. Wenn Sie den Spieltrieb Ihres Babys fördern, dann fördern Sie damit auch seine Entwicklung.

In den ersten Lebenswochen und Monaten benötigen Babys noch kein Spielzeug. Wenn Neugeborene noch gar nicht gezielt nach Dingen greifen können, können sie das klassische Babyspielzeug auch nicht benutzen. Viel interessanter sind in dieser Zeit die Gesichter und die Stimmen von Mama und Papa. Das Baby kennt die Stimmen noch aus der Zeit der Schwangerschaft und sie sind ihm zutiefst vertraut und wirken beruhigend.

Sobald das Baby anfängt, die Hände und Füße zu erkunden, sind diese Körperteile das ideale Spielzeug für Ihr Kind: Die eigenen Hände und Füße zu erforschen, beschäftigt Babys lange und ist wichtig für das Begreifen (im wahrsten Sinne des Wortes) und Erkunden des eigenen Körpers. Wenn Babys dann ganz gezielt nach Dingen greifen, ist es Zeit für das erste Spielzeug. Babys lieben es, Dinge zu entdecken und zu untersuchen.

Sie brauchen jedoch kein Geld für teures Babyspielzeug auszugeben, das nach kurzer Zeit sowieso nur ungenutzt in der Ecke liegt und Staub ansetzt. Ganz alltägliche Gegenstände aus Ihrem Zuhause sind als Spielzeug genauso geeignet. Geben Sie Ihrem Kind einen Löffel, eine Dose oder andere ungefährliche und nicht verschluckbare Gegenstände in die Hand und lassen Sie Ihren kleinen Entdecker alles erkunden.

Babys brauchen in erster Linie Kontakt und Nähe zu den Eltern oder zu anderen Bezugspersonen. Während des Spielens sollten Sie Körperkontakt suchen, Ihrem Baby beruhigend und ermunternd zureden und mit ihm kuscheln. Babys benötigen, damit sie sich optimal entwickeln können, eine ausgewogene Mischung aus Ruhepausen zur Erholung und Anregung durch das Spielen. Während kurzer Zeitspannen, etwa fünf bis zehn Minuten lang, können die meisten Babys sich auch allein beschäftigen, wenn ihre Umgebung sie dazu motiviert. Legen Sie Ihr Baby unter einen Spielbogen oder ein Mobile! Sie werden schnell bemerken, dass Babys beim Spielen häufig die gleichen Dinge immer wieder hintereinander tun. Das ist völlig normal und hat den Sinn, dass das Baby auf diese Weise verstehen kann, wie Dinge miteinander zusammenhängen. So kann Ihr Baby lernen, wie die Welt funktioniert, und Abläufe verstehen.

So unterstützen Sie den natürlichen Spieltrieb Ihres Babys am besten:

- Bieten Sie Ihrem Baby Anregungen, die dem jeweiligen Alter und Entwicklungsstand entsprechen.
- Geben Sie Ihrem Baby genügend Zeit, sich mit sich selbst zu beschäftigen und Dinge nach eigener Lust und Laune zu erkunden.
- Unterstützen Sie Ihr Baby möglichst viel mit Sprache – reden, reden, reden.
- Lassen Sie Ihr Baby mit Dingen spielen, die es ausgiebig mit dem Mund erkunden kann.
- Achten Sie darauf, dass Spielzeug möglichst viele Sinne auf einmal anspricht und befühlt, gehört und angeschaut werden kann.

- Bei Babys sind Spielen und Bewegung meist eine Einheit. Spielen Sie Spiele, bei denen Ihr Kind sich bewegen kann oder bewegt wird. Geben Sie ihm Freiraum zum Strampeln und Krabbeln.
- Überfordern Sie Ihr Kind nicht mit zu vielen Reizen. Wenn Ihr Kind Ermüdungsanzeichen aufweist und quengelig wird, sollten Sie das Spiel beenden. Gönnen Sie Ihrem Kind die wohlverdiente Pause und spielen Sie später weiter!

Wenn Sie Spielzeug für Ihr Baby kaufen, sollten Sie auf die folgenden Punkte achten:

- Kaufen Sie nur Spielzeug, das den gesetzlichen Anforderungen entspricht und dies mit entsprechenden Siegeln belegen kann, zum Beispiel mit dem GS-Siegel für „Geprüfte Sicherheit“ und dem TÜV-Siegel.
- Informieren Sie sich, bevor Sie ein Produkt kaufen, zum Beispiel bei der Stiftung Warentest.
- Testen Sie potenzielles Spielzeug mit allen Sinnen. Schauen Sie es an, ziehen Sie an Kleinteilen, riechen Sie an ihm. So erhalten Sie schnell einen Eindruck von der Qualität des Produktes.
- Bei Spielzeug, das Geräusche macht, sollten Sie es vor dem Kauf an Ihr eigenes Ohr halten. Wenn es Ihnen direkt am Ohr zu laut erscheint, sollten Sie es nicht kaufen. Kinderohren sind viel empfindlicher als die von Erwachsenen.
- Achten Sie darauf, dass Kunststoffspielzeug frei von PVS und Phthalaten ist. Diese Weichmacher sind gesundheitsschädlich. Besser sind Produkte aus Polypropylen oder Polyethylen. Sie erkennen diese Stoffe an den Großbuchstaben PP oder PE oder daran, dass die Zahlen 1, 2 oder 4, 5 und 6 in einem Dreieck auf der Verpackung abgebildet sind.
- Am besten ist Spielzeug aus unlackiertem Holz.
- Wenn Sie Stofftiere kaufen, sollten Sie sie vor dem ersten Gebrauch waschen und vorsichtshalber Bändchen und Schleifen entfernen.
- Wenn auf einem Produkt steht, dass es für Kinder unter drei Jahren nicht geeignet ist, sollten Sie diesen Hinweis ernst nehmen.

- Kaufen Sie lieber teures Spielzeug als billige Produkte. Stichproben ergeben immer wieder, dass in Billigspielzeug viel mehr schädliche Inhaltsstoffe enthalten sind.
- Kaufen Sie Spielzeug am besten gebraucht. Schädliche Stoffe sind dann häufig schon verdampft oder ausgewaschen.

Auf den Punkt gebracht:

Babys benötigen nicht unbedingt „richtiges“ Spielzeug. Zu Beginn ist es sowieso interessanter, die eigenen Hände und Füße zu erkunden und danach können Sie Ihrem Kind auch ganz einfach ungefährliche Gegenstände aus Ihrem Haushalt zur Verfügung stellen.

Wenn Sie doch „richtiges“ Spielzeug kaufen wollen, sollten Sie auf die Tipps achten, die ich Ihnen hier zur Verfügung gestellt habe, um Ihr Baby nicht unnötig giftigen Stoffen auszusetzen.

WIE KNÜPFEN SIE AM BESTEN EIN STARKES BAND ZU IHREM BABY? – SO BAUEN SIE EINE SICHERE BINDUNG ZU IHREM KIND AUF

Jeder Mensch braucht Bindungen. Bindungen sind Verbindungen zwischen Menschen, die so stark sind, dass alle Beteiligten wissen, dass sie sich aufeinander verlassen können. Für Babys sind Bindungen besonders wichtig, da sie sich noch nicht allein versorgen können und auf die Zuverlässigkeit ihrer Bezugspersonen, in den meisten Fällen Mama und Papa, angewiesen sind. Deswegen hat jedes Baby das Bedürfnis, eine enge, sichere und gefühlsintensive Beziehung zu Mama und Papa aufzubauen. Wenn Sie eine zuverlässige Bindung zu Ihrem Baby aufbauen, wird Ihr Kind davon profitieren und wachsen und gedeihen.

Babys brauchen Bindung. Sie vergewissern sich durch ihr Weinen, dass sie nicht alleine sind, dass andere Menschen da sind, die sich um sie kümmern und ihr Überleben garantieren. Ohne Bindung an andere Menschen würden Babys sterben, weil sich niemand um sie kümmern würde. Das Bedürfnis von Babys nach Bindung ist also genetisch bedingt und kann ihnen auch nicht aberzogen werden.

Die Bindung zwischen einem Baby und dessen Eltern kann aber auch gestört werden. Die Ursachen dafür können sein:

- eine komplizierte Schwangerschaft
- eine ungeplante Schwangerschaft
- vorangegangene Fehlgeburten und damit einhergehende Verlustängste
- Komplikationen während der Geburt
- ein Kaiserschnitt
- ein herausforderndes Schreibaby
- Wochenbettdepressionen
- viel Stress

Allerdings ist es so, dass sich Probleme in der Bindung meist ganz einfach beseitigen lassen. Ich zeige Ihnen direkt im nächsten Absatz, wie Sie eine starke und dauerhafte Bindung zu Ihrem Baby aufbauen können.

- Nehmen Sie Ihr Baby häufig in den Arm, denn Bindungen bauen sich über Körperkontakt auf. Kuscheln Sie mit Ihrem Baby Bauch an Bauch. Nehmen Sie zusammen ein Bad und genießen Sie die wohlige Wärme des Wassers!
- Tragen Sie Ihr Baby im Tragetuch oder in einer Babytrage, statt es im Kinderwagen zu schieben. So spürt Ihr Baby, dass Sie da sind!
- Seien Sie authentisch Ihrem Baby gegenüber, zeigen Sie ihm, wie Sie wirklich sind.
- Sprechen Sie möglichst liebevoll und zärtlich mit Ihrem Baby. Verwenden Sie liebevolle Worte und einen liebevollen Tonfall.
- Stillen Sie Ihr Kind häufig und haben Sie dabei Augenkontakt. Auch wenn Sie die Flasche geben, können und sollten Sie Augenkontakt zu Ihrem Baby haben. Am besten legen Sie sich dabei Ihr Baby auf den Bauch.

Auf den Punkt gebracht:

Bindung ist essenziell für Babys! Diese liebevolle und von Vertrauen geprägte Art der Zuwendung sollten Sie auf jeden Fall anstreben. Auch wenn, durch welche Umstände auch immer, die Bindung zwischen Ihnen und Ihrem Baby gelitten hat, können Sie sie durch relativ einfache Mittel wieder neu knüpfen.

Die besten Spielideen für jede Phase des Babyjahres

Ich habe hier für Sie einige unkomplizierte Spielideen für Ihr Baby vorbereitet. Probieren Sie sie gerne aus! Beachten Sie jedoch, dass nicht jedem Baby jedes Spiel gefällt und dass alle Kinder sich unterschiedlich schnell entwickeln.

Spiele für Babys bis drei Monate:

- **Nachmachen:** Babys lieben es, ihre Eltern zu beobachten und nachzumachen. Ziehen Sie lustige Grimassen, strecken Sie die Zunge raus oder lächeln Sie Ihr Baby an.
- **Verse und Reime:** Babys lieben Reime und Verse. Ihr Kind wird die Wiederholungen der Wortmuster bemerken und sich dadurch sicher und geborgen fühlen.
- **Mobiles:** Kleine Babys lieben Mobiles. Hängen Sie am besten eines über den Wickeltisch und lassen Sie Ihr Baby dort eine Weile nackt unter einem Heizstrahler strampeln. Ihr Baby wird es lieben, die Bewegung des Mobiles zu beobachten. **Aber Achtung: Lassen Sie Ihr Baby niemals allein auf dem Wickeltisch.** Halten Sie Ihr Baby immer mit einer Hand fest.

Spiele für Babys von drei bis sechs Monaten:

- **Das Küchen-Orchester:** Sobald Ihr Baby Dinge greifen und gezielt bewegen kann, sollten Sie ihm verschiedene Dinge aus der Küche geben und damit gemeinsam Geräusche machen. Schlagen Sie mit Löffeln gegen Töpfe, gegen Plastikschüsseln oder Pappkartons und lauschen Sie den Geräuschen. Ihr Baby wird es lieben!
- **Schmatzer auf den Bauch:** Geben Sie Ihrem Baby beim Wickeln Schmatzer

auf den nackten Bauch. Pusten Sie auf den Bauch und kitzeln Sie Ihr Baby.

- **Sprachspiele:** Ihr Baby liebt es, sich mit Ihnen zu unterhalten. Am Anfang natürlich noch in Babysprache mit vielen Grunzlauten. Machen Sie Ihr Baby nach und unterhalten Sie sich in seiner Sprache. Animieren Sie Ihr Baby auch dazu, neue Silben zu lernen, zum Beispiel „Baaaa" oder „Oooooh". Setzen Sie sich zusammen hin und sorgen Sie dafür, dass Ihr Baby Ihnen ins Gesicht schauen kann.
- **Kuckuck:** Dieses Spiel wird mit Sicherheit das Lieblingsspiel Ihres Babys. Verstecken Sie Ihr Gesicht hinter Ihren Händen und nehmen Sie die Hände mit einem „Kuckuck!" wieder weg.
- **Tanzen Sie mit Ihrem Baby:** Nehmen Sie Ihr Baby zu anregender Musik auf den Arm und tanzen Sie hin und her.
- **Schauen Sie gemeinsam mit Ihrem Baby in den Spiegel!** Es wird sich zwar noch nicht erkennen können, freut sich aber darüber, ein anderes Baby zu sehen.
- Opfern Sie Ihrem Baby eine Rolle **Toilettenpapier** und lassen Sie es damit spielen. Sie werden erstaunt sein, was es alles damit anstellen kann. **Aber Achtung: Passen Sie auf, dass Ihr Baby nichts davon isst.**

Spiele für Babys von sechs bis neun Monaten:

- **Seifenblasen:** Ihr Baby wird Seifenblasen lieben! Lassen Sie sich von dabei beobachten, wie Sie Seifenblasen pusten. Ihr Baby wird es faszinierend finden, wie die Blasen sich bewegen und plötzlich wieder verschwinden.
- **Aufräumen:** Lassen Sie Ihr Baby eine Schublade oder eine Kiste immer wieder ein- und ausräumen. Sorgen Sie dafür, dass die Dinge, die geräumt werden, auch wirklich ungefährlich sind.
- **Verrückter Hut:** Setzen Sie sich doch mal einen lustigen Hut auf! Ihr Baby wird es lieben. Wie wäre es beispielsweise mit einem Nudelsieb auf dem Kopf?
- **Schaumparty:** Die meisten Babys lieben es, zu baden. Lassen Sie Ihr Kind gelegentlich mit extra viel Schaum baden, mit dem Ihr Baby spielen kann.

Spiele für Babys von neun bis zwölf Monaten:

- **Türme bauen:** Ihr Baby wird Spaß daran haben, Dinge zu Türmen zu stapeln. Das geht nicht nur mit Bausteinen, sondern auch mit ganz vielen alltäglichen Dingen, zum Beispiel mit Toilettenpapierrollen.
- **Erste Malversuche:** Lassen Sie Ihr Baby mit dicken Buntstiften seine ersten Kunstwerke malen.
- **Fußball:** Ihr Baby wird es lieben, nach einem Ball zu treten. Außerdem wird dabei seine Motorik geschult.
- **Luftballon:** Blasen Sie einen Luftballon auf und binden Sie ihn an eine Schnur. Ihr Baby wird mit viel Freude damit spielen. Achten Sie aber bitte darauf, dass Ihr Kind sich die Schnur nicht um den Hals wickelt.
- **Tauziehen:** Rollen Sie ein Geschirrtuch auf und spielen Sie Tauziehen. Sie werden ganz erstaunt sein, wie viel Kraft Ihr Baby schon hat.
- **Kletterparcours:** Bauen Sie Ihrem Baby einen kleinen Parcours, den es durchlaufen oder durchkrabbeln kann. Über einen Kissenberg, durch einen Karton, zwischen zwei Stühle hindurch... Ihr Baby wird begeistert sein!

WANN SIND SPIELKAMERADEN WICHTIG? - VON KRABBELGRUPPEN UND SPIELKREISEN

Menschen sind soziale Wesen. Wir brauchen den Umgang und Kontakt mit unseren Artgenossen, um ein erfülltes und glückliches Leben zu führen. Wie verhält es sich eigentlich bei Babys? Brauchen Babys schon Gleichaltrige um sich herum? Und wenn ja, ab wann? Um diese Fragen geht es in diesem Kapitel. Ich hoffe, dass Sie Antworten auf alle Ihre Fragen finden werden.

Der Kontakt zu anderen Babys fördert die Entwicklung schon im ersten Lebensjahr. Am Anfang spielen die Kinder zwar noch nicht wirklich miteinander, aber dennoch ist es sinnvoll, den sozialen Umgang mit Gleichaltrigen zu üben.

Babys suchen ab ungefähr drei Monaten Blickkontakt zu Gleichaltrigen. Schon kurze Zeit später wenden sie sich ihnen dann auch zu und versuchen, nach ihnen zu greifen. Das ist zwar kein klassisches „Miteinanderspielen", aber auch eine gewisse soziale Interaktion, die für die Entwicklung wichtig ist.

Die ersten richtigen Kontaktaufnahmen zu anderen Kindern erfolgen mit ungefähr sechs Monaten. Wenn Babys ein halbes Jahr alt sind, beginnen sie, ihre Spielkameraden anzulächeln, anzuquieken und sich auf sie zuzubewegen. Babys ziehen sich dann an den Haaren und erforschen die Kleidung des anderen Kindes. Sie wollen das andere Wesen richtig kennenlernen und entdecken.

Ab ungefähr neun Monaten beginnen Kinder, voneinander zu lernen und sich Dinge voneinander abzuschauen. Spätestens dann sollten Sie darauf achten, dass Ihr Kind regelmäßig sozialen Umgang hat. Sorgen Sie am besten dafür, dass Ihr Baby regelmäßig zu Spieltreffen geht und dort seine sozialen Fähigkeiten ausbauen kann.

Zwar ist es so, dass Kinder unter drei Jahren kaum dazu in der Lage sind, richtige Freundschaften aufzubauen, aber man kann dennoch beobachten, dass jüngere Kinder lieber zu zweit krabbeln als allein. Babys spielen eher nebeneinander als miteinander, aber sie sollten dennoch häufig die Gelegenheit dazu bekommen.

Organisieren Sie regelmäßige Spieltreffen für Ihr Baby oder nehmen Sie an Treffen teil, denn dies hat viele Vorteile für Sie und Ihr Kind:

- Treffen sind eine spannende Abwechslung im Alltag.
- Sie bieten neue und interessante Anreize für alle Sinne und fördern Ihr Kind in dessen Entwicklung.
- Sie animieren Ihr Kind zur Beobachtung und Nachahmung des Verhaltens anderer Kinder.
- Sie helfen Ihrem Kind dabei, sich an andere Kinder zu gewöhnen, was den Kita-Start später erleichtern wird. Besonders für Einzelkinder ist dieser Punkt wichtig!

„Richtiges“ gemeinsames Spielen funktioniert frühestens ab dem zweiten Geburtstag. Dafür sind komplexe soziale Verhaltensweisen erforderlich, die erst erlernt werden müssen. Damit das gelingt, sollten Sie Ihr Kind so oft wie möglich mit anderen Kindern zusammenkommen lassen.

Um die Kontaktaufnahme zwischen den Babys zu erleichtern, können Spielzeuge als Vermittler dienen. Die ersten sozialen Interaktionen handeln meistens davon, sich gegenseitig Spielzeug anzubieten oder wegzunehmen. Wenn das eine Baby dem anderen ein Spielzeug anbietet und dieses das Spielzeug dann auch annimmt, ist das eine erste friedliche und erfolgreiche soziale Interaktion.

Typische soziale Verhaltensweisen zwischen Babys sind:

- sich gegenseitig helfen
- sich gegenseitig trösten
- Vertrauen aufbauen
- nach Körperkontakt suchen
- Spielzeug anbieten und abgeben
- Essen und Snacks freiwillig miteinander teilen

Kontakt zu Gleichaltrigen ist so wichtig, weil Babys im Umgang miteinander ganz andere Dinge lernen können als im Umgang mit ihren Eltern. Wenn Babys miteinander Zeit verbringen, können sie sich ausprobieren und machen wichtige Erfahrungen im Umgang mit anderen Menschen, die dann als Grundlage für spätere Freundschaften dienen können.

Kinder lernen im Umgang mit anderen Kindern:

- auf andere Kinder zuzugehen
- Kontakt zu ihnen aufzunehmen
- sich in sie hineinzuversetzen und empathisch zu reagieren
- Rücksicht zu nehmen, zu helfen und zu trösten
- sich auf andere zu verlassen und Teil eines Teams zu sein
- Kompromisse zu schließen, sich aber auch durchzusetzen, wenn es darauf ankommt
- mit Niederlagen und Ablehnung umzugehen
- geduldig zu sein und Freunde zu gewinnen

Diese Kompetenzen sind unglaublich wichtig für Kinder. Und sie lernen sie am besten, wenn sie ab der Geburt Kontakt zu anderen Kindern und Babys haben.

Deswegen gilt: Je früher der Kontakt zu anderen Gleichaltrigen aufgebaut wird, desto besser.

Auf den Punkt gebracht:

Soziale Kontakte sind auch für Babys schon wichtig. Zwar spielen sie noch nicht sofort mit den Gleichaltrigen, aber nach und nach entwickeln sich die ersten sozialen Interaktionen. Die sozialen Kontakte im ersten Lebensjahr sind prägend für alle weiteren sozialen Interaktionen im Leben des Kindes und später des erwachsenen Menschen. Geben Sie Ihrem Baby also so früh wie möglich die Chance, mit Gleichaltrigen zu tun zu haben.

VON PEKIP UND CO. – FÖRDERWAHNSINN ODER SINNVOLL FÜR DIE ENTWICKLUNG IHRES BABYS?

Immer mehr Eltern gehen mit ihren Babys zu Kursen wie PEKiP, DELFI, dem Musikgarten oder der Babymassage. Es gibt inzwischen einen wahren Konkurrenzkampf zwischen Eltern, wie viele Kurse besucht werden und wer sein Kind am besten fördert. Aber geht es in diesen Kursen wirklich darum, aus seinem Baby den nächsten Mozart zu machen oder es auf Olympia vorzubereiten? Tatsächlich geht es in den meisten Fällen um etwas anderes. Denn viele Eltern sind auf der Suche nach...

1. Kontakt zu anderen Eltern und Babys

Viele Eltern besuchen Kurse mit ihren Babys, um ein soziales Netzwerk aufbauen und Kontakt zu anderen Eltern knüpfen zu können. In den Kursen findet man Gleichgesinnte und Eltern in ähnlichen Situationen. So können auch die Voraussetzungen für spätere Playdates der Kinder geschaffen werden. Und auch den Babys tut es gut, in Kontakt mit anderen Gleichaltrigen zu kommen und voneinander zu lernen.

2. Austausch zu Babythemen

In den Kursen kann man sich mit anderen Eltern über Dinge, die das Baby betreffen, austauschen. Wie fange ich mit der Beikost an? Wann sollte ich den Schnuller abgewöhnen? Welcher Buggy ist der beste? Der Austausch über Babythemen beruhigt viele Eltern und gibt ein Gefühl der Sicherheit. Wenn man bei Fragen und

Schwierigkeiten viele Ansprechpartner hat, gibt das ein gutes Gefühl und man kann vom Erfahrungsschatz der anderen Eltern profitieren.

3. Vergleich

Ja, das Vorurteil stimmt: Eltern von Babys vergleichen ihren Nachwuchs gerne. Vor allem in den Babykursen wird geschaut, welches Baby zuerst krabbelt, sich setzen kann und die ersten Zähnchen bekommt.

4. Premiumzeit mit dem Baby

Im stressigen Alltag nimmt man sich leider viel zu selten ganz bewusst Zeit mit dem Baby. Häufig wird nebenbei der Haushalt erledigt, Geschwister springen herum, es stehen Termine an. Während der Babykurse hingegen nehmen Sie sich ganz bewusst Zeit nur für Ihr Baby.

5. Entwicklungsförderung

In den seltensten Fällen gehen Eltern wirklich zur PEKiP-Gruppe oder zur Musikförderung, damit ihr Kind gefördert wird. Nur, weil man zu vielen Kursen geht, bedeutet das nicht, dass das eigene Baby dadurch talentierter oder klüger wird.

Generell können Sie selbst entscheiden, ob Sie mit Ihrem Kind zu Kursen gehen oder nicht. Ich persönlich bin der Meinung, dass Kinder gerne zu Kursen gehen können. Einen Nachteil haben sie dadurch nicht. Ob ein Kind dadurch einen wirklichen Vorteil hat, ist auch nicht erwiesen. Aber als Eltern kann man dort Kontakte knüpfen und viele weitere positive Nebeneffekte nutzen. Entscheiden Sie also ganz nach Ihrem Gefühl, ob Sie Kurse in Anspruch nehmen möchten.

Eines ist aber klar: Übertreiben Sie es nicht damit. Wenn jeden Tag ein anderer Kurs auf dem Programm steht, artet das schnell in Hektik und Stress aus. Ein Kurs pro Woche reicht vollkommen aus.

Auf den Punkt gebracht:

Kurse für Babys sind ein netter Zeitvertreib und haben viele angenehme Nebeneffekte. Überfordern Sie Ihr Kind aber bitte nicht mit zu vielen Kursen.

Wie Sie Ihr Baby richtig pflegen – Alles, was Sie über Babypflege wissen sollten

In diesem Kapitel geht es um alles, was mit der Pflege Ihres Babys zu tun hat. Wie oft sollte ein Baby, je nach Alter, gebadet werden? Wie wickele ich mein Kind richtig? Auf welche Inhaltsstoffe bei Babyprodukten sollte ich achten?

Für Menschen, die bisher noch nicht viel mit Babypflege zu tun hatten, wirken die ganzen Informationen auf den ersten Blick unübersichtlich und überfordernd. Aber keine Sorge, wir bringen gemeinsam Licht ins Dunkel der Babypflege! Es ist viel leichter, als Sie denken. Und falls Sie befürchten, dass Sie aus Versehen etwas an Ihrem Baby kaputt machen könnten: Babys sind viel robuster, als sie aussehen. Sie werden das schaffen, versprochen! Zusätzlich werden Sie erfahren, was Sie rund um die Gesundheit Ihres Babys wissen müssen – von U-Untersuchungen bis zu Impfungen.

WIE OFT, WIE GENAU, WOMIT – ALLES RUND UMS WICKELN

Bis ein Kind „trocken" ist, also keine Windeln mehr benötigt, müssen Sie es ungefähr 5000 Mal wickeln. 5000 Windeln, das ist eine enorme Menge. Ich erkläre Ihnen in diesem Kapitel alles, worauf Sie beim Wickeln achten müssen.

Wickeln ist nicht nur ein wichtiger Teil der Körperpflege bei Babys, sondern auch eine gute Möglichkeit zum Kuscheln, Streicheln und Bindungsaufbau. Nehmen Sie sich für das Wickeln also immer ausreichend Zeit und widmen Sie währenddessen Ihre gesamte Aufmerksamkeit Ihrem Baby. Babys lieben es, beim Wickeln gestreichelt zu werden, sich mit Mutter oder Vater zu „unterhalten" und nackt zu strampeln. Geben Sie Ihrem Kind ruhig die Möglichkeit dazu!

So wickeln Sie Ihr Kind richtig

Heben Sie den Po Ihres Babys leicht an, indem Sie mit Ihrer rechten Hand den (von Ihnen aus gesehen) linken Oberschenkel Ihres Kindes umfassen und im Hüftgelenk beugen. Währenddessen liegt das andere Bein des Babys auf Ihrem Unterarm. Mit der linken Hand umfassen Sie dabei den anderen Oberschenkel. **Achten Sie aber bitte darauf, dass Sie die Wirbelsäule des Babys nicht zu stark krümmen oder seinen Nacken einknicken.** Wichtig ist, dass Sie beim Wickeln keine aggressiven Reinigungsmittel verwenden und möglichst parfümfreie Reinigungstücher benutzen. Ob Sie eine Wundschutzcreme nach dem Reinigen auftragen, bleibt Ihnen überlassen. Ich persönlich finde es sehr nützlich, wunden Stellen so vorzubeugen. Achten Sie bei Mädchen darauf, immer von vorne nach hinten zu wischen, damit keine schädlichen Darmbakterien in den Genitalbereich gelangen können. Bei Jungen sollten Sie den Penis lediglich von außen reinigen, ziehen Sie die Vorhaut nicht zurück.

Welche Windeln sollten Sie verwenden?

An der Frage, ob die gängigen Einwegwindeln aus Plastik und Superabsorber oder die ökologischeren Stoffwindeln, die Sie immer wieder verwenden können, besser sind, scheiden sich die Geister. In erster Linie müssen Windeln verlässlich die Ausscheidungen Ihres Babys aufnehmen, auslaufsicher und angenehm für Ihr Baby zu tragen sein.

Einmalwindeln erfüllen alle diese Anforderungen, kosten auf Dauer jedoch deutlich mehr als Stoffwindeln, produzieren mehr Müll und enthalten Chemikalien und häufig Cremes, die für Ausschlag und Wund-Sein im Windelbereich sorgen können. Stoffwindeln müssen Sie häufig waschen und die Verwendung ist deshalb mit einem höheren Arbeitsaufwand verbunden. Sie sind atmungsaktiver, müssen jedoch öfter gewechselt werden und kosten zu Beginn relativ viel auf einmal. Dafür gleicht der hohe Anschaffungspreis sich durch die lange Nutzungszeit wieder aus und Sie sparen langfristig gesehen viel Geld. Das Thema Stoffwindeln ist relativ umfangreich. Am besten ist es, wenn Sie sich bei einer speziell dafür geschulten Beraterin informieren.

Was sonst noch wichtig ist:

Wechseln Sie die Windeln Ihres Kindes so oft wie möglich und am besten so schnell es geht nach jedem Stuhlgang, um Hautentzündungen vorzubeugen.

Vor allem bei Neugeborenen summieren sich die Windeln schnell: Pro Tag sind das dann gut und gerne mehr als drei volle Windeln und bis zu acht nasse Windeln. Viele Babys machen ihre Windel während der Mahlzeiten voll, also wickeln Sie Ihr Baby am besten, wenn es mit dem Trinken fertig ist. **Achten Sie darauf, Ihr Kind niemals allein auf dem Wickeltisch zu lassen.** Zusätzlich zu der Gefahr des Herunterfallens besteht auch die Möglichkeit, dass Ihr Baby etwas von den Pflegeutensilien verschluckt.

VOM BADEN UND MEHR – WIE BABYS GEWASCHEN UND GEPFLEGT WERDEN

Kommen wir nun zur Pflegeroutine Ihres Babys. Lassen Sie uns gemeinsam darüber sprechen, wie oft Babys gebadet und gewaschen werden sollen und was Sie dabei beachten sollten.

Fangen wir an!

Baden

Bis vor einigen Jahren war es normal, dass Babys jeden Tag lange gebadet wurden. Inzwischen ist das anders. Der aktuelle Stand der Wissenschaft besagt, dass die Haut von Babys von einem Schutzmantel umgeben ist, der nicht nur Schweiß, Fett und viele andere Substanzen enthält, sondern auch Keime, mit denen das Baby schon seit der Schwangerschaft vertraut ist. Krankmachende Erreger können im Regelfall nicht durch diese Barriere in den Körper kommen.

Deswegen wird heutzutage darauf geachtet, dass der Schutzmantel nicht durch zu häufiges Baden angegriffen wird. Baden Sie Ihr Baby ungefähr ein- bis zweimal pro Woche und dann nur kurz. Verzichten Sie nach Möglichkeit auf künstliche Badezusätze. Geben Sie lieber einen Spritzer Muttermilch oder einen Esslöffel Olivenöl ins Badewasser und waschen Sie Ihr Baby vorsichtig mit einem weichen Waschlappen. Verzichten Sie auch nach dem Bad auf parfümierte Cremes oder Lotionen. Gesunde Babyhaut benötigt diese Pflege nicht. Viele Duftstoffe stehen unter Verdacht, Allergien auszulösen. Also bitte: Finger weg!

Wenn Sie das Bad Ihres Babys vorbereiten, sollten Sie sich direkt alles, was Sie benötigen, zurechtlegen, damit es nach dem Bad nicht hektisch wird. Denken Sie auch an eine neue Windel und neue Anziehsachen. Generell gilt bei den meisten Babys, dass das Baden sie ziemlich müde macht. Am besten ist es daher, wenn Sie Ihr Baby abends baden, damit es müde und entspannt ins Bett geht. Achten Sie darauf, dass die Temperatur des Badewassers bei etwa 30 Grad Celsius liegt, was

Sie am besten mit einem Badethermometer überprüfen. Baden Sie Ihr Kind in einer ruhigen und entspannten Atmosphäre. Besonders Babys in den ersten Lebensmonaten genießen ein ruhiges und entspanntes Bad, bei dem sie sich wieder wie in Mamas Bauch fühlen, ganz geborgen und warm.

Mit ungefähr einem halben Jahr beginnen Babys dann, Spaß am Planschen und Toben im Wasser zu empfinden. Lassen Sie Ihrem Baby den Spaß – das Badezimmer können Sie hinterher ganz einfach wieder sauber und trocken bekommen. Ein oder zwei spannende Badespielzeuge dazu und Ihr Baby wird glücklich in der Wanne sitzen. Wenn Ihr Baby älter ist, können Sie es auch guten Gewissens für 20 Minuten baden lassen. **Aber Achtung: Lassen Sie Ihr Baby niemals unbeaufsichtigt in der Badewanne.** Selbst wenn Ihr Baby schon sitzen kann, ist das Risiko zu ertrinken einfach viel zu groß. Noch bis ins Grundschulalter können Kinder selbst in völlig flachem Wasser ertrinken, weil sie einen Reflex haben, der die Atmung anhält, sobald sie mit dem Gesicht nach unten ins Wasser fallen.

Die Haarwäsche

Die Haare Ihres Babys sollten Sie zum Ende des Bades waschen, damit es sich nicht erkälten kann. Im Regelfall reicht es bei Babys, einfach klares Wasser über die Haare laufen zu lassen. Wenn Sie jedoch unbedingt ein Shampoo benutzen möchten oder besonders hartnäckiger Schmutz in den Haaren klebt, sollten Sie darauf achten, dass Sie ein mildes, parfümfreies Babyshampoo kaufen.

Die Katzenwäsche am Morgen und am Abend

Morgens und abends (und immer, wenn Ihr Baby dreckig ist) sollten Sie es mit einem weichen Waschlappen und warmem Wasser abwaschen. Fangen Sie im Gesicht an, waschen Sie dann Arme und Hände und anschließend Beine und Füße. Für den Windelbereich sollten Sie aber unbedingt einen eigenen Waschlappen benutzen.

Weil Babys noch sehr enge Tränenkanäle haben, sind ihre Augen nach dem Schlafen häufig stark verklebt. Tauchen Sie, um die Augen zu reinigen, ein Wattepad in sauberes, warmes Wasser und reiben Sie damit vorsichtig über das geschlossene Auge. Reinigen Sie von außen nach innen und verwenden Sie für jedes Auge ein neues Wattepad. Verwenden Sie für die Reinigung der Augen auf keinen Fall Feuchttücher!

Die Reinigung von Nase und Ohren

Wenn Sie die Ohren Ihres Babys reinigen, sollten Sie niemals Wattestäbchen in den Gehörgang einführen. Viel besser ist es, wenn Sie das Ohrenschmalz, das sich in der Ohrmuschel absetzt, mit einem zusammengerollten Papiertaschentuch entfernen.

Den Gehörgang sollten und brauchen Sie nicht zu reinigen. Auch die Nase Ihres Kindes sollten Sie nur leicht von außen säubern. Eine Stelle, der Sie aber auf jeden Fall Beachtung schenken sollten, ist die Haut hinter den Ohrmuscheln. Sie neigt dazu, wund und schorfig zu werden. Ein bisschen parfümfreie Feuchtigkeitscreme hilft der Haut beim Abheilen.

Die Pflege von Finger- und Zehennägeln

Zu Beginn müssen Sie die Finger- und Zehennägel Ihres Babys noch nicht schneiden, da sie noch so weich sind, dass zu lange Nägel von selbst abfallen bzw. abbrechen. Nur wenn Ihr Kind sich mit seinen Nägeln zu sehr kratzt, können Sie die zu langen Nägel vorsichtig mit einer speziellen Baby-Nagelschere abschneiden.

Sobald die Nägel härter werden, müssen Sie sie auf jeden Fall schneiden. Achten Sie dann darauf, die Fußnägel gerade und die Fingernägel leicht rund zu schneiden. So vermeiden Sie eingewachsene Nägel an den Füßen und Kratzer durch die Nägel an den Fingern.

Zahnpflege

Sobald das erste Zähnchen sichtbar ist, wird es Zeit, es mit einer weichen Babyzahnbürste zu reinigen. Zahncreme benötigen Sie zu Beginn noch nicht, sondern erst dann, wenn Ihr Baby sie auch wieder ausspucken kann. Gehen Sie das Zähneputzen möglichst spielerisch an, damit es kein täglicher Kampf zwischen Baby/Kleinkind und Eltern wird. Am besten ist es, wenn Sie von Anfang an Ihr Baby dabeihaben, wenn Sie selbst sich die Zähne putzen. So lernt Ihr Kind, dass das etwas völlig Normales ist.

Wenn auch das nicht funktioniert, können Sie zuerst spielerisch einem Kuscheltier Ihres Babys die Zähne putzen. Dieser Trick hilft bei vielen Babys und Kleinkindern. Ob Sie Fluortabletten für Ihr Kind verwenden sollten, klären Sie am besten mit Ihrem Kinderarzt ab. Generell gilt, dass Sie bei der Hygiene Ihres Babys Vorbild sind. Wenn Sie Ihrem Kind zeigen, dass es völlig normal ist, sich die Hände zu waschen, wenn man in die Wohnung kommt oder von der Toilette geht, wird Ihr Kind das als selbstverständlich übernehmen.

Frische Luft für Babys Entwicklung

Frische Luft ist extrem wichtig für die Entwicklung Ihres Babys, da das Immunsystem dadurch ausgereift und entwickelt wird. Bereits mit zwei Wochen alten Babys sollten Sie langsam beginnen, ausgedehnte Spazierfahrten zu unternehmen.

Im Idealfall sind Sie pro Tag zwei bis drei Stunden mit Ihrem Baby draußen unterwegs und wählen eine Strecke im Grünen und abseits von viel befahrenen Straßen. Achten Sie dabei darauf, dass Ihr Baby keiner Zugluft und direkter Sonneneinstrahlung ausgesetzt wird.

Babys Entwicklung im ersten Jahr – Das sind die großen Schritte Monat für Monat

Sie haben jetzt schon viel über Babys und den richtigen Umgang mit Ihrem kleinen Schatz erfahren. In diesem Kapitel lesen Sie, welche großen Entwicklungsschritte Ihr Baby im ersten Lebensjahr macht. So können Sie sich einen Überblick darüber verschaffen, wann Ihr Baby ungefähr in welcher Entwicklungsphase ist. Doch eines ist klar: Diese Übersicht soll Ihnen lediglich einen groben Überblick verschaffen. Jedes Kind hat sein eigenes, ganz individuelles Tempo, in dem es sich entwickelt.

Solange bei den U-Untersuchungen beim Kinderarzt keine Entwicklungsverzögerung festgestellt wird, müssen Sie sich also keine Gedanken machen, wenn der Entwicklungsstand und die motorischen und kognitiven Fähigkeiten von dem abweichen, was in der Übersicht angegeben ist.

Babys 1. Monat

Das neugeborene Baby ist noch komplett hilflos und darauf angewiesen, dass seine Eltern sich liebevoll um es kümmern. Dennoch können auch die ganz kleinen Babys schon jede Menge, und zwar haben sie in erster Linie viele Reflexe:

- **Der Saug-Reflex:** Bereits direkt nach der Geburt beginnt das neugeborene Baby damit, nach der Brust der Mutter zu suchen, um zu trinken. Der Saug-Reflex lässt sich außerdem auslösen, wenn Sie über den Mundwinkel des Babys streichen.
- **Der Such-Reflex:** Wenn die Wange des Babys berührt wird, beginnt es von selbst nach der mütterlichen Brust zu suchen.
- **Der Greif-Reflex:** Wenn Sie einen Finger in die Hand Ihres Babys legen, wird es ihn automatisch fest umschließen und nicht mehr loslassen.
- **Der Schreit-Reflex:** Wenn ein neugeborenes Baby in aufrechter Position den Boden berührt, hebt es die Beine so an, als würde es gehen wollen.

- **Der Moro-Reflex:** Wenn ein Neugeborenes das Gefühl hat, den Boden unter den Füßen zu verlieren und hinzufallen, dann breitet es seine Arme aus und schlingt sie danach fest um seinen Körper.
- **Der Bauer-Reflex:** Wenn das Baby auf einer Unterlage liegt und seine zum Körper angezogenen Beine werden berührt, dann stößt es sich fest ab.

Die meisten Reflexe von Neugeborenen verschwinden zwischen dem 3. und dem 6. Lebensmonat und werden durch bewusste Handlungen ersetzt, da die Babys eine immer bessere Körperbeherrschung aufweisen.

Neugeborene haben von Anfang an einen voll funktionierenden Geruchs-, Geschmacks- und Tastsinn. Der Hörsinn braucht jedoch einige Tage, um vollständig zu funktionieren, da sich nach der Geburt häufig noch Fruchtwasser in den Gehörgängen befindet. Der Sehsinn von Neugeborenen ist zu Beginn nur rudimentär ausgeprägt. Nach vier Wochen können Neugeborene tagsüber ungefähr so sehen wie Erwachsene nachts. Der Kopf von Neugeborenen muss grundsätzlich immer gestützt werden, Babys können das nämlich noch nicht selbst.

Babys 2. Monat

Nach dem ersten Monat kann Ihr Baby, das nach sechs Wochen nicht mehr als Neugeborenes bezeichnet wird, wahrscheinlich in der Bauchlage den Kopf schon für einige Sekunden anheben. Im zweiten Monat beginnen Babys, mit den Beinen zu strampeln und damit ihre Muskulatur zu trainieren. Außerdem entwickelt sich die Fähigkeit, richtig zu weinen, also Tränen zu vergießen. Ab der sechsten Woche sind Babys auch dazu in der Lage, ganz bewusst zu lächeln.

Babys 3. Monat

Mit dem dritten Monat setzt eine Zäsur ein: Ihr Baby wird deutlich aktiver werden und einen richtigen Entwicklungssprung hinlegen. Viele Babys beginnen damit, ihre Hände zu betrachten und an ihnen zu knabbern. Ihr Baby wird außerdem anfangen, zu „singen" und erste Tonketten wie „eeee" zu bilden. Fördern Sie Ihren kleinen Sprecher, indem Sie ihn dazu animieren, sich mit Ihnen zu unterhalten.

Babys 4. Monat

Ab dem vierten Monat wird Ihr Baby Dinge in seinen Mund stecken. Alles, was es in die Finger bekommt, wird zielsicher in den Mund gesteckt und dort ausgiebig erkundet.

Ihr Baby wird nun in der Lage sein, Laute wie „mmm“, „wwww“ oder „bbb“ zu produzieren und wird das auch begeistert tun. Fast alle Babys können sich nun sicher in der Bauchposition halten und die Welt neugierig mit aufrechtem Köpfchen bestaunen. Ihr Baby wird nun damit beginnen, sich auf die Seite zu drehen und so schon einmal üben, sich auf den Bauch zu rollen.

Babys 5. Monat

Im fünften Monat können viele Babys schon gut mit Unterstützung sitzen und ihren Kopf selbstständig halten. Außerdem wird Ihr Baby, wenn Sie es in die Rückenlage legen, sich permanent drehen und damit seine Rumpfmuskulatur trainieren. Wenn Ihr Baby glücklich ist und sich richtig freut, wird es das mit einem Jauchzen und Glucksen zeigen. Ein Geräusch, das Mamas und Papas Herz schmelzen lässt!

Im fünften Monat können Sie, wenn alle Anzeichen zur Beikostreife vorhanden sind (dazu mehr im entsprechenden Kapitel), mit der Beikost beginnen.

Babys 6. Monat

Im sechsten Monat greifen Babys gezielt nach Gegenständen und albern viel herum. Die ersten Wortketten wie „mamama“ und „papapa“ lassen sich bestaunen. Einige Babys schaffen es sogar schon, sich selbstständig aufzusetzen.

Sollte Ihr Kind in dieser Zeit über einen ausgeprägten Speichelfluss verfügen, kann das ein Hinweis darauf sein, dass die ersten Zähne sich bereit machen.

Babys 7. Monat

Im siebten Monat entdecken viele Babys ihre Füße und stecken sie sich mit Vorliebe in den Mund. Die meisten Babys sind jetzt auch in der Lage, sich aus der Rückenlage auf den Bauch zu drehen. In diesem Alter neigen Babys zum Fremdeln.

Babys 8. Monat

Viele Babys haben im achten Monat schon ein gutes Gleichgewichtsgefühl und sind dazu in der Lage, sich mit nur einem Arm abzustützen, wenn sie in der Bauchlage sind. Einige Babys krabbeln sogar schon, die meisten sind aber noch robbend oder rollend unterwegs. Spätestens jetzt ist es an der Zeit, die Wohnung kindersicher zu gestalten. Ab dem achten Monat sind viele Kinder übrigens auch dazu in der Lage, nach zwei Gegenständen gleichzeitig zu greifen.

Babys 9. Monat

Ab dem neunten Monat können die meisten Babys mit dem Scherengriff auch sehr kleine Gegenstände greifen. Kognitiv verstehen Babys nun den Zusammenhang zwischen Ursache und Wirkung und stellen ihre Eltern auf die Probe, indem sie Dinge fallen lassen und sie von den Eltern wieder aufheben lassen.

Babys 10. Monat

Die meisten Babys haben das Krabbeln zu diesem Zeitpunkt perfektioniert und entwickeln dabei Höchstgeschwindigkeiten. Außerdem beginnen sie damit, sich an Einrichtungsgegenständen hochzuziehen. In der Regel können sie nun auch Wörtern die dazu passenden Gegenstände zuordnen. Wenn Sie beispielsweise „Ball" sagen, wird Ihr Kind zum Ball schauen, eventuell sogar hinkrabbeln.

Babys 11. Monat

Ab dem elften Monat beginnen viele Babys damit, das Stehen zu üben. Und wenn ein Baby stehen kann, rücken die ersten Schritte in greifbare Nähe. Diese wird Ihr Kind unternehmen, wenn es sich an Gegenständen entlanghangeln kann. Einige Kinder beherrschen in diesem Alter auch schon erste Wörter wie zum Beispiel „Mama", „Papa" oder „Wau".

Babys 12. Monat

Kurz vor dem ersten Jahr ist aus Ihrem Baby schon eine richtige Persönlichkeit geworden, die ihr eigenes Umfeld aktiv erkundet und rege daran teilnimmt. Ihr Baby hat nun einen großen passiven Wortschatz und kann Unterhaltungen folgen. Wenn Sie ihm kleine „Aufträge" geben, wie zum Beispiel „Hol die Puppe!", wird Ihr Baby dem wahrscheinlich nachkommen.

Auf den Punkt gebracht:

Im ersten Lebensjahr entwickeln Babys sich rasend schnell. Dennoch hat jedes Kind sein eigenes Tempo. Ich schließe mit dem passenden Sprichwort: Das Gras wächst nicht schneller, nur weil man daran zieht.

DER ERSTE BESUCH BEIM KINDERARZT – VON IMPFUNGEN UND U-UNTERSUCHUNGEN

Der Kinderarzt ist der Hausarzt für Kinder und Jugendliche und nach der Hebamme Ihr erster Ansprechpartner für die kommenden Jahre. Ein guter Kinderarzt hilft Ihnen bei Fragen rund um die Gesundheit Ihres Kindes, untersucht Ihr Kind routinemäßig, hilft bei der Prävention von Krankheiten und ist bei akuten Erkrankungen Ihres Kindes an Ihrer Seite. Bei schwierigeren Erkrankungen Ihres Kindes überweist er es an Spezialisten, zum Beispiel an einen Hautarzt für Kinder.

Worauf sollte ich bei der Wahl des Kinderarztes achten?

Fangen Sie am besten bereits in der Schwangerschaft mit der Suche nach einem guten Kinderarzt an. Fragen Sie in Ihrem Umfeld nach, mit welchen Ärzten andere Eltern gute Erfahrungen gemacht haben. Achten Sie darauf, dass Ihr zukünftiger Arzt bei Ihnen in der Nähe ist, damit Sie im Notfall schnell vor Ort sein können. Barrierefreiheit ist ebenfalls ein wichtiger Aspekt, damit Sie mit dem Kinderwagen keine Stufen bewältigen müssen.

Auch die Sprechzeiten sollten zu Ihren Bedürfnissen und Ihrem Tagesrhythmus passen. Ebenso wichtig ist, dass Ihr Bauchgefühl Ihnen signalisiert, dass Sie sich und Ihr Kind in einer Praxis gut aufgehoben fühlen. Wenn Sie Wert auf bestimmte Schwerpunkte legen, zum Beispiel einen ganzheitlichen Behandlungsansatz, sollten Sie darauf ebenfalls bei der Auswahl achten.

Wann sollte ich nicht zum Kinderarzt gehen?

In lebensbedrohlichen Notfällen sollten Sie nicht zum Kinderarzt fahren, sondern den Notarzt unter der Nummer 112 verständigen. Derartige Notfälle sind unter anderem:

- schwere Atemnot
- Bewusstlosigkeit, die länger als eine Minute andauert
- Herz-Kreislauf-Stillstand
- schwere Krampfanfälle
- starke Blutungen, die Sie nicht stoppen können

- großflächige Verbrennungen

Um die Zeit, bis der Notarzt eintrifft, zu überbrücken, sollten Sie Erste Hilfe leisten. Besuchen Sie am besten noch in der Schwangerschaft einen Erste-Hilfe-Kurs für Babys und Kleinkinder.

Wenn Ihr Baby etwas verschluckt hat, von dem Sie nicht wissen, ob es giftig ist, sollten Sie den Giftnotruf anrufen. Das können Sie unter der Nummer **030 19240** tun. Wenn es Ihrem Kind außerhalb der Sprechzeiten Ihres Kinderarztes schlecht geht, aber nicht so schlecht, dass Sie einen Notarzt informieren müssten, ist der ärztliche Bereitschaftsdienst Ihr erster Ansprechpartner. Erreichen können Sie ihn unter der Nummer **116 117**.

Und wann sollte ich mit meinem Baby zum Kinderarzt?

Viele Eltern machen sich schnell Sorgen um Ihr Baby. Aber natürlich möchte man nicht ständig wegen absolut harmloser Dinge beim Arzt aufkreuzen. Deswegen habe ich Ihnen hier eine kleine Orientierung erstellt, anhand derer Sie entscheiden können, ob ein Arztbesuch notwendig ist. Gehen Sie mit Ihrem Baby zum Kinderarzt, wenn es eines oder mehrere der folgenden Symptome aufweist:

- starke Hautausschläge
- Ohrenschmerzen
- eitrige Mandeln
- plötzlicher bellender Husten
- Atemnot
- Schmerzen beim Wasserlassen
- Blut im Urin oder Stuhl
- Teilnahmslosigkeit oder Verwirrtheit (nicht ansprechbar)
- steifer Nacken (Kopf kann nicht nach vorne oder hinten gebeugt werden)
- Krampfanfälle

Viele Babys und Kleinkinder sind anfällig für grippale Infekte wie Husten oder Schnupfen. Das ist völlig normal und nicht immer ein Grund für einen Arztbesuch.

Wenn eines oder mehrere der folgenden Symptome vorliegen, sollten Sie aber auf jeden Fall mit Ihrem Kind zum Arzt gehen:

- Ihr Baby hat Fieber ab 40 Grad Celsius.
- Ihr Baby ist unter drei Monate alt und hustet oder hat Fieber.
- Ihr Baby ist teilnahmslos.
- Ihr Baby hat länger als drei Tage Fieber.
- Eine Erkältung ist länger als eine Woche vorhanden.
- Zur Erkältung kommen Durchfall oder Erbrechen hinzu.

Was sind die U-Untersuchungen?

Die Vorsorgeuntersuchungen für Babys und Kinder, die sogenannten U-Untersuchungen, sollten Sie auf jeden Fall wahrnehmen. Bei diesen Früherkennungsuntersuchungen werden die körperliche und die geistige Entwicklung Ihres Kindes untersucht, damit Probleme rechtzeitig erkannt werden und eine gesunde Entwicklung sichergestellt werden kann. Die Kosten übernimmt die Krankenkasse. Es gibt folgende Untersuchungen bis zum ersten Geburtstag:

- **U1 – direkt nach der Entbindung:**

Es werden die Größe, das Gewicht, der Herzschlag, der Puls, der Atem, die Reflexe, das Hören und der pH-Wert des Nabelschnurblutes kontrolliert. Zusätzlich wird dem Baby Vitamin K gegeben.

- **U2 – wenn das Baby 3 – 10 Tage alt ist:**

Es werden die Größe, das Gewicht, das Erscheinungsbild der Haut, die Hüfte und das Blut untersucht. Zusätzlich wird Vitamin K gegeben und bei Bedarf auch Vitamin D und Fluorid.

- **U3 – wenn das Baby 3 – 4 Wochen alt ist:**

Es werden die Größe, das Gewicht, die Hüfte, die Reflexe, die Organe, die Haltung von Körper und Kopf und das Sehen untersucht. Bei Jungen wird zusätzlich der Sitz der Hoden untersucht. Zudem wird dem Baby erneut Vitamin K gegeben.

- **U4 – wenn das Baby zwischen 2 und 3 Monate alt ist:**

Es werden die Größe, das Gewicht, die Hüfte, die inneren Organe, das Sehen, das Hören und der Zustand der Fontanelle untersucht.

- **U5 – wenn das Baby zwischen 5 und 6 Monate alt ist:**

Zusätzlich zu den Körperparametern steht hier die körperliche und motorische Entwicklung im Vordergrund. Kann das Baby greifen und sich mit den Armen abstützen? Kann es sich mit den Füßen gegen den Boden stemmen und sein Köpfchen in Richtung eines Geräusches drehen? Kann das Baby im Sitzen stabil sein Köpfchen halten und mit den Augen einen Punkt fixieren?

- **U6 – wenn das Baby zwischen 9 und 11 Monate alt ist:**

Es werden die Größe, das Gewicht, die Sprachentwicklung, die Körperbeherrschung und die Beweglichkeit des Babys kontrolliert.

Es gibt noch weitere U-Untersuchungen, die dann im Jahresrhythmus jeweils vor dem Geburtstag des Kindes stattfinden. Weil diese Untersuchungen den Rahmen des Buches sprengen würden, habe ich mich auf die Untersuchungen im Babyalter beschränkt.

Was sind Kinderkrankheiten und kann ich mein Kind dagegen impfen lassen?

Kinderkrankheiten sind Krankheiten, die in den meisten Fällen Kinder bekommen. Die Krankheiten sind ansteckend und auch Erwachsene können sich damit infizieren. Sie können Ihr Kind gegen alle Kinderkrankheiten impfen lassen und so vermeiden, dass es sich damit ansteckt. Diese Impfungen sind aus mehreren Gründen sehr wichtig und das nicht nur für Ihr Kind.

- Obwohl der Name sich so anhört, sind Kinderkrankheiten definitiv nicht harmlos. Bei schwerwiegenden Fällen kann es zu Komplikationen kommen, die eine Behinderung oder den Tod des Kindes zur Folge haben.

- Wenn Sie Ihr Kind impfen lassen, schützen Sie nicht nur Ihr Kind, sondern auch andere Kinder und Erwachsene, denn manche Menschen können sich aufgrund anderer Erkrankungen nicht impfen lassen. Diese Personen müssen sich darauf verlassen können, dass andere Menschen geimpft sind und somit eine sogenannte „Herdenimmunität“ vorhanden ist.

- Wenn sich ausreichend Menschen impfen lassen, können Krankheiten sogar vollständig ausgerottet werden, weil niemand mehr krank werden kann. Mit den Pocken ist das beispielsweise schon geschehen. Inzwischen muss sich niemand mehr dagegen impfen lassen, weil es die Krankheit schlichtweg nicht mehr gibt.
- Über die Nebenwirkungen brauchen Sie sich keine Gedanken zu machen, denn die Impfungen sind sehr sicher. Die häufigsten Nebenwirkungen sind eine gerötete und geschwollene Einstichstelle und Fieber.
  Richtige Komplikationen, wie beispielsweise eine allergische Reaktion, sind sehr selten. Sie sind deutlich seltener als Komplikationen bei den Kinderkrankheiten.

Auf den Punkt gebracht:

Auch mit gesunden Babys müssen Sie regelmäßig zum Kinderarzt. Wählen Sie ihn oder sie deshalb sorgfältig aus. Nehmen Sie alle U-Untersuchungen und Impfungen wahr, damit Sie Erkrankungen und Problemen bei Ihrem Baby vorbeugen können.

Wie Sie Ihr Kind im ersten Lebensjahr ernähren sollten – Die Grundlagen der Babyernährung

In diesem Teil des Buches geht es um die optimale Ernährung Ihres Babys im ersten Lebensjahr. Sie müssen viele Entscheidungen treffen: Soll ich lieber stillen oder doch eine Flaschenmama werden? Wie halte ich es mit der Beikost? Ab wann, in welcher Form, und soll ich selbst kochen? Ich hoffe, dass Sie hier Antworten auf alle Ihre Fragen finden werden.

WIE FÜTTERE ICH MEIN BABY: STILLEN ODER FLÄSCHCHEN - DIE ERNÄHRUNG FÜR DIE ERSTEN MONATE

Wenn es um die Ernährung von Babys geht, werden Eltern vor die Entscheidung gestellt, ob das Kind gestillt werden oder die Flasche bekommen soll. In diesem Kapitel werde ich Ihnen erklären, welche Vor- und Nachteile beide Ernährungsformen haben und wie Sie Ihre ganz persönliche Entscheidung für das Stillen oder die Flasche treffen können. Denn eines ist klar: Die Entscheidung ist absolut privat und geht nur Sie ganz allein etwas an!

Wenn es um das Thema Ernährung für Babys geht, bekommt man überall zu hören, dass das Stillen das Beste für das Baby und seine Mutter ist. Wenn das Stillen reibungslos funktioniert, ist es auch tatsächlich die beste und praktischste Form, ein Baby zu ernähren. Muttermilch ist immer richtig temperiert, hat die ideale Zusammensetzung von Nährstoffen, ist auf die Lebensphase und den Bedarf des Babys zugeschnitten und praktisch in der Handhabung. Sie müssen keine Sauger und Fläschchen sterilisieren, brauchen sich um den Nachschub an Milchpulver keine Gedanken zu machen und haben alles Nötige immer dabei. Es gibt jedoch auch gute Gründe, die für die Ernährung mit Flaschenmilch sprechen. Informieren Sie sich ausführlich, lassen Sie sich alle Vor- und Nachteile in Ruhe durch den Kopf gehen und treffen Sie dann eine Entscheidung, die für Sie passt.

Die Vorteile des Stillens

Die WHO, also die Weltgesundheitsorganisation, empfiehlt, dass Kinder mindestens sechs Monate lang gestillt werden sollten. Muttermilch ist perfekt an die Bedürfnisse des Babys angepasst. Ihre Zusammensetzung ändert sich immer wieder je nach Bedarf des Babys.

In Muttermilch sind nicht nur Nährstoffe, Mineralien und Vitamine enthalten, sondern auch Antikörper der Mutter und Immunstoffe, die Krankheiten vorbeugen können und Allergien seltener machen. Muttermilch wird von Babys hervorragend vertragen. Gestillte Kinder haben im späteren Leben ein geringeres Risiko, krank zu werden. Zudem haben sie seltener Bauchschmerzen und Verdauungsprobleme und haben es besonders leicht, eine gute Bindung zu ihrer Mutter aufzubauen. Außerdem gibt es Studien, die belegen, dass Frauen, die gestillt haben, seltener an Brustkrebs erkranken. Es gibt also auch Vorteile für Sie!

Welche Probleme es beim Stillen geben kann

In den ersten Tagen nach der Geburt des Babys kann das Stillen mitunter unangenehm sein. Der Milcheinschuss ist in manchen Fällen schmerzhaft. Aber meist spielt sich nach einigen Tagen bis Wochen alles ein und Mutter und Kind werden ein tolles Team.

Damit das Stillen möglichst gut funktioniert, sollten Sie sich in dieser ersten, sehr sensiblen Phase komplett nach Ihrem Kind richten. Die Vorstellung, dass nach einem strengen Zeitplan in bestimmten Abständen gestillt werden sollte, ist inzwischen überholt. Legen Sie Ihr Baby so oft an, wie es danach verlangt. Ein regelmäßiger Rhythmus wird sich dann von selbst einstellen. Auch nachts ist es von Vorteil, zu stillen. Sie müssen dann nicht aufstehen und Fläschchen zusammenrühren, sondern können Ihr Kind ganz entspannt im Liegen stillen.

Stillen wirkt sich auch in vielerlei Hinsicht positiv auf Ihren eigenen Körper aus. Die Rückbildung der Gebärmutter wird durch die Ausschüttung des Stillhormons Prolaktin gefördert und geht so schneller und besser vonstatten. Das Ammenmärchen, dass unter dem Stillen die Form und die Festigkeit der Brust in Mitleidenschaft gezogen werden, ist längst widerlegt. Die Tatsache, dass viele Frauen mit Baby nicht mehr so straffe Brüste wie vor der Schwangerschaft haben, liegt an den Schwangerschaftshormonen.

Aber auch das Stillen hat Nachteile. Wie schwer Sie diese gewichten, liegt in Ihrem persönlichen Ermessen. Beim Stillen ist das Kind komplett auf seine Mutter angewiesen. Als Mutter muss man dann immer da sein, ist nicht so flexibel und spontan wie beim Füttern mit der Flasche. Manchen Müttern werden diese Nähe und die damit einhergehenden Einschränkungen einfach zu viel.

Milch kann zwar mit einer speziellen Muttermilchpumpe abgepumpt und eingefroren werden, aber das ist wirklich nur eine Notlösung für Ausnahmesituationen. Einige Frauen mögen es auch nicht, abzupumpen, weil sie sich dann wie eine Kuh fühlen oder andere unangenehme Empfindungen haben. Viele Stillkinder verweigern außerdem die abgepumpte Milch aus der Flasche, was zu zusätzlichem Stress und Frust führt.

Worauf Still-Mamas achten müssen

Ernähren Sie sich bitte so ausgewogen und gesund wie möglich. Sie versorgen ein Kind, das von Ihnen und Ihrem Körper abhängig ist. Ihr Nährstoffbedarf ist besonders hoch, denn Ihr Kind wächst und entwickelt sich in einem rasanten Tempo. Auch wenn sie sich nach der Schwangerschaft und Geburt unwohl in ihrem Körper fühlen, sollten stillende Frauen nicht mit Druck abnehmen.

Ein leichtes Kaloriendefizit ist okay, aber muten Sie Ihrem Körper nicht zu viel zu. Er vollbringt gerade ein absolutes Meisterwerk. Er ernährt Ihr Baby. Und das aus eigener Kraft! Im Idealfall sollten Sie, wenn Sie Ihr Kind stillen, pro Tag ungefähr 500 Kalorien zusätzlich zu Ihrem Grundbedarf zu sich nehmen. Grundsätzlich dürfen Sie so gut wie alles essen, was Ihnen schmeckt. Der Mythos, dass scharfe Gewürze und blähende Nahrungsmittel vermieden werden sollten, wurde inzwischen widerlegt. Probieren Sie diese Lebensmittel ruhig aus. In den meisten Fällen gibt es keine Auswirkungen auf die Verdauung Ihres Kindes.

Tatsächlich ist es sogar so, dass sich stillende Mütter möglichst vielseitig und variabel ernähren sollten. Der Geschmack der Lebensmittel geht in die Milch über und verändert so ihren Geschmack. Tatsächlich haben Studien bewiesen, dass gestillte Kinder, deren Mütter sich abwechslungsreich ernähren, hinterher besonders viele Lebensmittel mögen und nicht so wählerisch beim Essen sind wie Kinder, bei deren Müttern das nicht so war. Auf Rauschmittel wie zum Beispiel Alkohol und Nikotin sollten Sie definitiv verzichten, wie auch schon in der Schwangerschaft.

Gründe, die gegen das Stillen sprechen

Wenn Sie nicht stillen wollen, aus welchem Grund auch immer, oder wenn Ihr Bauchgefühl einfach Nein sagt, dann ist das absolut in Ordnung und Sie brauchen kein schlechtes Gewissen zu haben. Babys, die mit der Flasche gefüttert werden, werden ebenfalls zu tollen Kindern und Sie können, auch wenn Sie die Flasche geben, eine liebevolle Bindung zu Ihrem Kind aufbauen.

Es gibt auch Gründe, die das Stillen unmöglich machen. Bei Frühchen, nach einer Entbindung über Kaiserschnitt oder einer schwierigen Geburt kann es sehr herausfordernd sein, die Milchbildung in Gang zu bringen. Auch bei Mehrlingen ist das Stillen häufig eine ganz besondere Herausforderung. Wenn Sie wollen, können Sie das Stillen in diesen Situationen gerne ausprobieren, aber wenn es nicht klappt, dann sind Sie auf keinen Fall eine schlechte Mutter!

Auch wenn sich die Brust stark entzündet hat und das Stillen nur noch unter Schmerzen möglich ist, sollte abgestillt werden. Ebenso gibt es Medikamente, die in die Muttermilch übergehen und schädlich für das Kind sind. Wenn Sie ein entsprechendes Mittel einnehmen müssen, sollte Flaschenmilch vorgezogen werden. Wenn Sie schnell wieder arbeiten gehen wollen oder es aus privaten Gründen nicht schaffen, zu stillen, spricht dies auch für die Flaschennahrung.

Die Vorteile von Flaschennahrung für Babys

Flaschennahrung hat auch Vorteile. Flaschenmilch kann von jedem gefüttert werden, was der Mutter eine gewisse Unabhängigkeit und Flexibilität verschafft. So kann auch leichter eine Bindung zum Vater und anderen Bezugspersonen aufgebaut werden. Außerdem ist es für viele Mütter beruhigend, zu sehen, wie viel Milch das Baby pro Mahlzeit zu sich nimmt.

Eine Mutter, die nicht stillt, muss nicht so sehr auf die Ernährung achten und es können auch Medikamente eingenommen werden, was sonst teilweise nicht möglich ist.

Worauf Sie bei der Ernährung mit der Flasche achten sollten

Lassen Sie sich von Ihrer Hebamme und Ihrem Kinderarzt beraten, welche der unzähligen Milchsorten am besten für Ihr Baby ist. Am besten ist es, wenn Sie Pre-Milch füttern. Diese Milch kann ab der Geburt und bis zum Ende der Flaschenzeit gefüttert werden.

In 1er- oder 2er-Milch sind zusätzliche Inhaltsstoffe wie zum Beispiel Stärke enthalten, die Ihr Baby nicht benötigt. Sie können getrost darauf verzichten! Achten Sie darauf, dass Fläschchen und Sauger immer sauber sind und Sie das Wasser vorher abkochen. **Wärmen Sie Reste der Milch unter keinen Umständen wieder auf.**

Wie lange sollte ein Kind eigentlich gestillt werden oder die Flasche bekommen?

Das ist eine völlig individuelle Angelegenheit. Die WHO empfiehlt, dass ein Baby in den ersten sechs Monaten ausschließlich gestillt werden bzw. Pre-Nahrung erhalten sollte. Auch nach der Einführung der Beikost bleibt die Muttermilch bzw. die Flaschennahrung noch für einen langen Zeitraum eine wichtige Nahrungsquelle.

Viele Mütter stillen um den achten bis zehnten Monat ab. Wie Sie persönlich das handhaben wollen, ist auch eine Sache des eigenen Gefühls und geht niemand anderen etwas an. Wenn Sie und Ihr Kind sich dabei wohlfühlen, können Sie auch weit über das erste Lebensjahr hinaus stillen, so stärken Sie zusätzlich die Bindung zwischen sich und Ihrem Baby. Es gibt jedoch auch Babys, die von heute auf morgen nicht mehr gestillt werden wollen und die Brust verweigern. Auch das sollten Sie akzeptieren und nicht traurig darüber sein.

Wenn Sie Ihr Kind abstillen möchten, obwohl es noch Bedarf nach Muttermilch hat, sollten Sie langsam und behutsam auf Pre-Milch umstellen. Pre ist die Nahrung, die das gesamte erste Lebensjahr über gegeben werden kann. Nahrung wie 1er-, 2er- oder 3er-Milch benötigt Ihr Kind nicht. Wenn Sie abstillen wollen, sollten Sie Ihr Baby immer seltener anlegen, bewusst wenig trinken und Kräutertees mit Pfefferminze oder Salbei zu sich nehmen. Gehen Sie den Vorgang langsam an, überfordern Sie sich, Ihren Körper und Ihr Baby nicht.

Wie oft sollte ein Baby gestillt werden oder die Flasche bekommen?

Vielleicht fragen Sie sich jetzt noch, wie oft Ihr Baby denn überhaupt gestillt werden oder die Flasche bekommen sollte. Sie haben mit Sicherheit schon von älteren Verwandten gehört, dass ein Baby in bestimmten Abständen gefüttert werden sollte, zum Beispiel alle drei Stunden. Vergessen Sie solche Regeln! Zwingen Sie

Ihrem Baby keinen Rhythmus auf, den es nicht haben möchte. Füttern Sie Ihr Baby nach Bedarf! Wenn es Hunger hat, füttern Sie es, und zwar so viel, wie es haben möchte. Wenn Sie die Flasche geben, dann geben Sie Ihrem Baby so viel, wie es trinken möchte. Zwingen Sie Ihr Kind nicht dazu, eine Flasche auszutrinken! Schon Babys haben ein ausgeprägtes Hunger- und Sättigungsgefühl. Wenn Sie dieses Gefühl immer wieder unterdrücken und Ihrem Baby mehr aufzwingen, als es haben möchte, dann bekämpfen Sie das natürliche Sättigungsempfinden.

Auch wenn Sie Ihr Neugeborenes zu Beginn sehr häufig zum Stillen anlegen oder viele Flaschen anrühren müssen, weil Ihr Kind nur wenig auf einmal trinkt, ist das absolut okay! Ihr Kind wird in den nächsten Wochen und Monaten zu seinem eigenen Rhythmus gelangen, wenn Sie es lassen. Haben Sie Geduld, es wird sich auszahlen! Phasenweise ist es jedoch vor allem bei gestillten Kindern so, dass sie sehr häufig und lange am Stück gestillt werden wollen, vor allem wenn sie sich körperlich weiterentwickeln und zum Beispiel Zähne bekommen. Das liegt dann daran, dass Ihr Baby über das Stillen körperliche Nähe und Geborgenheit sucht. Geben Sie ihm auf diese Art Liebe, wenn es das einfordert! Ein Baby kann gar nicht zu viel Liebe bekommen.

Auf den Punkt gebracht:

Stillen und Muttermilch haben viele Vorteile für Mutter und Kind. Dennoch sollten Sie sich nicht unter Druck setzen lassen. Die Entscheidung, ob Sie stillen wollen oder nicht, liegt allein bei Ihnen. Lassen Sie sich von niemandem einreden, dass eine Mutter, die Ihr Kind liebt, stillen muss, oder dass das Stillen eine gute Mutter ausmacht. Hören Sie auf Ihr Bauchgefühl. Sprechen Sie mit Müttern, die gestillt haben und mit solchen, die die Flasche gegeben haben. So verschaffen Sie sich einen möglichst objektiven Eindruck. Wichtig ist, dass Sie eine Entscheidung für oder gegen eine Form der Ernährung aus Überzeugung treffen und nicht, weil jemand anderes eine bestimmte Erwartungshaltung Ihnen gegenüber hat.

Wenn Sie sich für das Stillen entscheiden, dann sollten Sie bei möglichen Schwierigkeiten am Anfang nicht entmutigt aufgeben, sondern sich durchbeißen. Schwierigkeiten zu Beginn sind normal und gehören dazu. Wer die harte Anfangszeit erst einmal überwunden hat, erhält ein wunderbares Geschenk der Natur, das die Beziehung zum Kind stärken und viele schöne Stunden bescheren wird.

WAS SIE ZUM BEIKOSTSTART BEACHTEN SOLLTEN – VON BREI, BABY-LED WEANING UND CO.

In diesem Kapitel dreht sich alles um den Beikoststart. Wann ist Ihr Baby so weit, wie fangen Sie an und welche Art der Beikost eignet sich am besten? Das sind die Fragen, die wir gemeinsam besprechen werden.

Viele Eltern haben Angst, sich im Dschungel der Beikost zu verlieren, aber lassen Sie diese Sorgen bitte hinter sich. Gehen Sie am besten ganz entspannt an das Thema heran und vertrauen Sie Ihrem Baby und Ihrem eigenen Bauchgefühl. Übrigens: Beikost heißt so, weil sie zusätzlich zur Milch gegeben wird. Beikost ist eine Beigabe, sie soll die Milch nicht ersetzen. Im ersten Lebensjahr ist Milch die wichtigste Nahrungsquelle Ihres Kindes.

Wann ist der richtige Zeitpunkt, um mit der Beikost zu beginnen?

Viele Eltern sind sich unsicher, wann genau der richtige Zeitpunkt ist, um mit der Einführung von neuen Lebensmitteln für Ihr Baby zu beginnen. Tatsächlich ist das Zeitfenster, in dem Sie den Speiseplan Ihres Babys erweitern sollten, recht großzügig bemessen. Fangen Sie frühestens damit an, wenn Ihr Baby fünf Monate alt ist und spätestens dann, wenn es sieben Monate alt ist. So minimieren Sie die Gefahr, dass Ihr Baby später unter Allergien leiden wird.

Nach einem halben Jahr sind Babys nicht mehr dazu in der Lage, sich allein von Muttermilch zu ernähren. Ihr Nährstoffbedarf ist dann einfach zu groß geworden. Vor allem Eisen wird über die Muttermilch kaum aufgenommen, sondern stammt zu einem Großteil aus körpereigenen Depots, die bereits vor der Geburt angelegt worden sind. Eisen ist für die Entwicklung der geistigen und körperlichen Fähigkeiten des Kindes jedoch essenziell. Ähnlich verhält es sich mit der Kalorienzufuhr. Durch die gesteigerte körperliche Aktivität ab dem siebten Lebensmonat durch Robben, Krabbeln usw. steigt die benötigte Energie sprunghaft an.

Sie merken an folgenden Zeichen, dass Ihr Kind bereit für Beikost ist:

- Ihr Baby kann mit Unterstützung aufrecht sitzen.
- Ihr Baby kann seinen Kopf allein halten.
- Der Zungenstreckreflex ist verschwunden.
- Ihr Baby zeigt deutliches Interesse am Essen.

- Ihr Kind kann selbstständig nach Nahrung greifen und sie zu seinem Mund führen.
- Ihr Baby macht Kaubewegungen.

Aufrechtes Sitzen

Das aufrechte Sitzen zählt zu den Zeichen der Beikostreife, weil die Gefahr des Verschluckens an Nahrung nun deutlich reduziert ist. Wenn ein Kind sich stabil in einem Kindersitz halten kann und die vollständige Kontrolle über seinen Oberkörper und Kopf hat, dann gilt das Beikostzeichen als erfüllt. Ihr Kind muss nicht in der Lage sein, sich selbstständig hinsetzen zu können.

Kopf halten

Um bereit für Beikost zu sein, muss ein Baby seinen Kopf allein halten können. Das ist meist schon lange vor dem aufrechten Sitzen der Fall.

Fehlender Zungenstreckreflex

Der Zungenstreckreflex ist ein Reflex, der dazu führt, dass Babys Dinge automatisch mit ihrer Zunge aus dem Mund befördern, um so ein Ersticken zu verhindern. Nur wenn dieser Reflex nicht mehr vorhanden ist, können Sie mit der Beikost starten.

Interesse am Essen

Wenn Babys beginnen, sich für Essen zu interessieren, dann ist das ein gutes Zeichen für die Beikostreife. Beobachten Sie einmal Ihr Baby, wenn Sie am Tisch sitzen und essen.

Sich selbst füttern

Wenn ein Baby bereit ist, erste Beikost zu sich zu nehmen, dann kann es selbst gezielt nach Nahrung greifen und zu seinem Mund führen. Dafür ist eine gut ausgeprägte Koordination zwischen Augen, Hand und Mund erforderlich.

Kaubewegungen

Auch wenn ein Kind zu Beginn nur Brei bekommt, müssen erste Kaubewegungen vorhanden sein, um selbst diese Nahrung verdauen zu können.

Das sollten Sie beachten, wenn Sie mit der Beikost beginnen

Wenn Ihr Baby die Beikostreifezeichen erfüllt, können Sie mit der Heranführung an feste Nahrung starten. Machen Sie sich aber bitte bewusst, dass die Umstellung für Ihr Baby eine gewaltige Herausforderung ist und einige Zeit in Anspruch nehmen wird. Geben Sie ihm die Zeit, die es benötigt. Einige Babys können es jedoch kaum erwarten, endlich mit dem „richtigen" Essen zu beginnen.

Am besten ist es deshalb, wenn Sie völlig ohne Erwartungen an das Projekt Beikost herangehen. Starten Sie ganz behutsam, Löffel für Löffel. Fangen Sie mit einer einzigen Gemüsesorte an, damit Ihr Baby sich an diesen Geschmack gewöhnen kann. Wenn Ihr Baby eine Gemüsesorte nicht direkt mag, sollten Sie nicht sofort aufgeben, sondern geduldig sein und mehrere Anläufe starten. Babys sind „Gewohnheitstiere" und essen am liebsten Dinge, die sie schon kennen. Beachten Sie am besten die bewährte Faustregel, dass Sie dreimal versuchen, einem Baby ein neues Lebensmittel anzubieten.

Wenn es dann immer noch kein Interesse zeigt oder ablehnend reagiert, sollten Sie ein anderes Lebensmittel ausprobieren. Versuchen Sie auch, Ihrem Kind neue Obst- und Gemüsesorten schmackhaft zu machen. Probieren Sie die bewährten psychologischen Tricks aus. „Mmmh, ist das lecker!", lächeln Sie beim Füttern. So wird Ihr Baby neuen Geschmacksrichtungen sicherlich eine Chance geben. Es ist auch völlig normal, dass bei den ersten Mahlzeiten relativ viel daneben landet. Ihr Baby muss sich erst an die neuen Mundbewegungen gewöhnen und die Kiefermuskulatur trainieren.

Wenn Sie mit der Beikost beginnen, sollten Sie am besten mit einem reinen Gemüsebrei starten. So können Sie direkt herausfinden, ob Ihr Baby eine Gemüsesorte verträgt und Ihr Kind kann sich an den Geschmack und die Konsistenz gewöhnen. In den meisten Fällen entscheiden Eltern sich für Kürbis, Pastinake oder Zucchini als erstes Gemüse. Von Karotten sollten Sie zu Beginn lieber Abstand nehmen, da dieses Gemüse häufig zu Verstopfung führt.

Starten Sie mit der ersten Beikost-Mahlzeit am besten mittags, da Ihr Baby dann am wachsten ist. In den ersten Tagen wird Ihr Kind nur wenige Löffel pro Mahlzeit zu sich nehmen und die Menge dann nach und nach steigern. Wenn Ihr Kind nichts mehr von der Beikost essen möchte, sollten Sie es nach der Mahlzeit direkt stillen oder noch eine Flasche anbieten, damit es auch wirklich satt ist. Wenn Sie mit der Beikost beginnen, sollten Sie beachten, dass Ihr Kind nun zusätzlich auch einen höheren Bedarf an Flüssigkeit hat. Reichen Sie ihm zu den Mahlzeiten auch immer stilles Wasser. Leitungswasser ist hier völlig okay! Sie können das Wasser auch direkt aus einem richtigen Becher anbieten, damit die Koordination Ihres Kindes trainiert wird.

Gläschen kaufen oder lieber selbst kochen? Was ist besser?

Viele Eltern fragen sich, ob sie lieber fertige Gläschen in der Drogerie oder im Supermarkt kaufen oder doch selbst kochen sollten. Diese Entscheidung ist individuell, dennoch möchte ich Ihnen hier kurz die Vor- und Nachteile der beiden Ernährungsformen vorstellen.

Gekaufte Gläschen gibt es in den unterschiedlichsten Geschmacksrichtungen, mal mehr oder weniger fein püriert, und in verschiedenen Preisklassen, von sehr günstig bis sehr teuer. Die Gläschen haben teilweise eine Bio-Zertifizierung. Theoretisch können Sie Ihr Kind komplett mit gekauften Gläschen ernähren. Es ist praktisch und grundsätzlich spricht nichts dagegen, denn in Deutschland wird Babynahrung sehr streng kontrolliert und unterliegt den höchsten Qualitätsstandards. Sie können also auch ganz beherzt nach den günstigsten Gläschen greifen. Der Nachteil der fertigen Breie ist, dass Sie die Zusammensetzung nicht selbst bestimmen können und die Mengen meist, vor allem am Anfang, noch zu groß sind und daher sehr viel weggeworfen werden muss. Bei selbst zubereitetem Brei können Sie ganz individuell die Zutaten auswählen und exakt die benötigte Menge herstellen. Sie können zudem auf Vorrat kochen und den Rest einfrieren, dann hält sich der zeitliche Aufwand auch in Grenzen. Dennoch benötigt die Zubereitung einige Zeit. Ob Sie diese investieren wollen oder nicht, bleibt Ihnen selbst überlassen.

Grundsätzlich sind beide Möglichkeiten gut dazu geeignet, Babys zu ernähren, und eine reine Geschmackssache. Am Ende entscheidet in den meisten Fällen einfach das Baby, was es am liebsten mag. Sie können sich noch so viel Mühe in der Küche geben oder den teuersten Biobrei kaufen – wenn Ihr Baby einen anderen Geschmack hat, müssen Sie das wohl oder übel akzeptieren.

Wie genau führt man die Beikost ein?

Bei der Einführung der Beikost sollten Sie in erster Linie auf Ihr Gefühl hören und auf das, was Ihr Baby Ihnen signalisiert. Es gibt zahlreiche feststehende Pläne zur Einführung der Beikost. Sie können sich an diesen Plänen orientieren, sollten jedoch nicht zu engstirnig darauf fokussiert sein. Geben Sie Ihrem Baby die Zeit, die es benötigt. Lassen Sie sich von den vorgegebenen Plänen inspirieren, aber setzen Sie sich und Ihr Baby nicht unter Druck. Manche Babys brauchen länger als andere, manche wollen bestimmte Mahlzeiten noch nicht ersetzen, einige haben einen ganz anderen Rhythmus. Bitte bedenken Sie das!

Ich habe Ihnen hier einen exemplarischen Plan zur Beikosteinführung vorbereitet. Sie können sich daran orientieren, sollten sich jedoch nicht darauf versteifen. Rezeptinspirationen finden Sie in den nächsten Kapiteln, kochen Sie einfach drauflos!

1. Die Beikost am Mittag

Die meisten Eltern starten mit der Beikost zum Mittagessen. Diese Mahlzeit hat sich bewährt; Sie können es aber natürlich auch anders handhaben. Der erste Brei, den Ihr Kind erhält, sollte aus nur einer einzigen Zutat bestehen, beispielsweise aus Pastinaken oder Kürbis. Lassen Sie Ihrem Kind Zeit, die unterschiedlichen Geschmacksnuancen kennenzulernen, und geben Sie ihm nur alle drei bis vier Tage eine neue Zutat. Zu Beginn wird Ihr Baby wahrscheinlich nur wenige Löffel essen wollen, das ist völlig normal. Geben Sie ihm anschließend einfach seine gewohnte Milchnahrung zum Sattwerden.

Nach einigen Tagen können Sie dann auch Brei aus zwei Zutaten anbieten. Dafür hat sich die Kartoffel gut bewährt. Wenn Sie merken, dass Ihr Kind den angebotenen Brei ablehnt, können Sie ein bis zwei Wochen warten und es danach erneut versuchen.

Sie werden merken, dass Ihr Baby immer mehr Brei isst und dafür die getrunkene Menge Milch weniger wird. Das ist ein gutes Zeichen! Sobald Ihr Baby begeistert den Mittagsbrei isst, können Sie Fleisch zum Brei hinzugeben. Ihr Baby benötigt dies jedoch nicht zwingend. Sie können es auch problemlos ohne Fleisch ernähren. Achten Sie dann jedoch besonders auf eine ausreichende Zufuhr an Eisen! Sobald Ihr Kind damit anfängt, Beikost zu sich zu nehmen, sollten Sie zu den Mahlzeiten Wasser anbieten.

2. Die Beikost am Abend

Wenn die Mahlzeit mittags gut funktioniert, ist es Zeit für den Milch-Getreide-Brei am Abend. Sie sollten abends unbedingt einen Brei mit Getreide füttern, da die enthaltenen Ballaststoffe Ihr Baby lange sättigen und für eine ruhige Nacht sorgen. Meist vergeht zwischen Schritt 1 und Schritt 2 ungefähr ein Monat.

3. Die Beikost am Nachmittag

In der Regel vergeht ein weiterer Monat, bis der dritte Schritt vor der Tür steht: der Getreide-Obst-Brei am Nachmittag. Dieser Brei ist wichtig, da er Ihr Kind mit Eisen und Vitaminen versorgt. Sie sollten ihn füttern, wenn Ihnen selbst der Sinn nach Kaffee oder Tee steht. Das ist sozusagen das Kaffeekränzchen Ihres Babys.

4. Die Beikost zum Frühstück

Zum Frühstück eignet sich am besten ein Milchbrei auf Getreidebasis. Ermöglichen Sie Ihrem Kind einen leckeren und gesunden Start in den Tag! Gleichzeitig können Sie damit beginnen, Ihrem Kind auch zwischen den Mahlzeiten statt Milch gesunde Beikost anzubieten. Hier eignen sich besonders gut Fingerfood wie Gemüsesticks oder eines der Rezepte, die Sie im Rezeptteil finden.

5. Der Übergang zu Familienkost

Langsam wird es Zeit, dass Sie Ihr Kind an die Familienkost heranführen. Geben Sie ihm ganz bewusst immer mehr von dem zu essen, was auf dem gemeinsamen Familientisch steht. Würzen Sie allerdings sparsamer, als Sie es sonst tun würden.

Was ist eigentlich Baby-led Weaning?

Einer der neuesten Trends in der Babyernährung ist das sogenannte „Baby-led Weaning". Was genau das bedeutet und ob diese Form der Beikost auch für Sie infrage kommt, erfahren Sie in diesem Kapitel. Fangen wir doch direkt damit an!

> Baby-led Weaning, häufig auch als BLW abgekürzt, bedeutet übersetzt „babygesteuerte Beikost".

Hier wird komplett auf den klassischen Babybrei verzichtet, das Baby erhält von Anfang an feste Nahrung und darf in gewisser Weise selbst entscheiden, was es zu sich nimmt.

Das Konzept des Baby-led Weaning wird seit ungefähr zehn Jahren immer populärer. 2010 erschien das Buch „Baby-led Weaning" der britischen Hebamme Dr. Gill Rapley. In ihrem Werk spricht sich Rapley dafür aus, dass Babys am besten ernährt werden, wenn sie an den gemeinsamen Mahlzeiten am Esstisch der Familie teilhaben und mit ihren eigenen Händen Essen auswählen und essen können. Gefüttert werden sollen Babys dabei nicht.

Tatsächlich ist dieser Ansatz schon viel älter. Im Mittelalter und in anderen Kulturen gab es schlichtweg keinen Babybrei. Dennoch ist das Konzept, zumindest in unseren Breitengraden, in Vergessenheit geraten und wurde von der Vorstellung, dass Babys Brei essen sollten, verdrängt. Seit ungefähr zehn Jahren wird BLW nun häufiger diskutiert und findet immer mehr Beachtung.

Welche Vorteile hat BLW für Ihr Baby?

Baby-led Weaning hat nicht umsonst so viele Befürworter. Das Konzept bietet sehr viele Vorteile – sowohl für Sie als auch für Ihr Baby.

Ihr Baby kann die Lebensmittel authentisch kennenlernen. Es sieht, fühlt und schmeckt Gemüse und Obst genauso, wie sie sind und nicht als Brei. Der Geschmack ist unverfälscht und Ihr Baby kann sich direkt an die richtige Konsistenz gewöhnen. Sie müssen Ihr Kind dann auch nicht wieder umgewöhnen.

Ihr Baby hat Spaß! Es kann Kartoffeln zermatschen, Obst zerdrücken, Erbsen über den Teller rollen lassen. Lassen Sie Ihr Baby mit Essen experimentieren und herausfinden, was man damit alles anstellen kann.

Ihr Baby lernt Selbstständigkeit und Selbstvertrauen. Wenn Ihr Baby sich selbst füttert und entscheiden kann, was es isst, fühlt es sich stolz und glücklich. Außerdem fühlt es sich der Familie zugehörig, weil es, wie alle anderen, gemeinsam mit am Tisch sitzt und isst. Ganz wie die Großen!

Ihr Kind wird lernen, seinen Appetit zu kontrollieren. Ein Kind, das selbst bestimmen und entscheiden kann, was und wie viel es isst, verlernt nicht, auf die eigenen Sättigungsgefühle zu hören. Menschen haben von Geburt an einprogrammierte Anzeichen und Signale für ihre Sättigung. Durch das „aufgezwungene" Füttern wie „Noch ein Löffel für Papa! Und noch einer für Oma!" verlernen Kinder, auf diese Signale zu hören, wodurch häufig Übergewicht entstehen kann.

Ihr Baby wird sicherer essen. Wenn Babys schon früh in Kontakt mit fester Nahrung gelangen, verschlucken sie sich seltener und auch die Motorik sowie die Hand-Augen-Koordination werden gefördert.

Ihr Baby wird schneller sprechen lernen. Ja, tatsächlich, denn obwohl Ihr Baby noch keine Zähne hat und die feste Nahrung mithilfe seiner Zunge und der Kauleisten zerdrückt, werden die Gesichtsmuskeln bei diesem Vorgang trainiert. Und starke und trainierte Gesichtsmuskeln wirken sich förderlich auf die Sprachentwicklung aus.

Sie sparen Geld und Zeit! Wenn Sie keine zusätzlichen Mahlzeiten für Ihr Baby kochen müssen, diese dann noch einfrieren und später wieder auftauen müssen, gewinnen Sie jede Menge Zeit. Gläschen aus der Drogerie kosten natürlich Geld, selbst die günstigen. Wenn Sie Ihrem Kind hingegen einfach das Essen anbieten, das sowieso auf dem Tisch steht, wird das weder zeitlich noch finanziell ins Gewicht fallen.

Ab wann dürfen Sie Ihrem Baby das Fingerfood geben?

Die Autorin des Buches „Baby-led Weaning" empfiehlt, ab einem Alter von ungefähr sechs Monaten mit dem Fingerfood zu beginnen. Hier gilt jedoch, genau wie beim klassischen Babybrei, dass Sie als Elternteil individuell entscheiden sollten, wann der beste Zeitpunkt dafür gekommen ist. Achten Sie einfach auf den jeweiligen Entwicklungsstand Ihres Kindes und entscheiden Sie anhand dessen, wann ein geeigneter Zeitpunkt ist.

Welche Nahrungsmittel können für das Baby-led Weaning verwendet werden?

Kommen wir jetzt zu den Lebensmitteln, die sich besonders gut als Fingerfood für Ihr Baby eignen. Grundsätzlich gilt, dass Ihr Baby das Essen gut greifen können sollte. Außerdem sollte die Nahrung so weich sein, dass sie sich auch problemlos ohne Zähne zerdrücken lässt.

Beginnen Sie am besten mit Lebensmitteln aus dieser Liste:

- gedämpftes oder gedünstetes Gemüse wie zum Beispiel Brokkoli, Karotte oder Kohlrabi
- Gemüse, das Sie im Ofen gebacken haben, wie zum Beispiel Kürbis, Kartoffel, Süßkartoffel oder Steckrübe
- rohes Gemüse wie zum Beispiel Avocado oder Gurke
- Fleisch, jedoch nicht zu fest, wie zum Beispiel Frikadellen

- reifes Obst wie Birne, Banane, Pfirsich oder Mango
- Hartkäse wie zum Beispiel Emmentaler oder Cheddar
- Brot oder Reiswaffeln (aber bitte salzarm)
- gekochte Nudeln oder Kartoffeln

Schneiden Sie das Obst und Gemüse in lange, fingerdicke Stücke. Entfernen Sie, wenn vorhanden, auch die Schale. Vergessen Sie während der Mahlzeiten nicht, Ihrem Baby Wasser anzubieten.

Welche Nahrungsmittel sind bei Baby-led Weaning tabu?

Es gibt auch bestimmte Lebensmittel, die Sie Ihrem Baby nicht anbieten sollten, weil sie zu viel Salz, Zucker oder ungesunde Zusatzstoffe enthalten. Einige Lebensmittel sind für Babys im ersten Lebensjahr auch einfach noch nicht geeignet.

Verzichten Sie auf die Lebensmittel aus dieser Liste:

- Fertiggerichte und Fast Food, denn darin sind zu viele ungesunde Zusätze und zu viel Salz enthalten.
- Eingelegtes Gemüse wie Oliven und Fetakäse sind ebenfalls zu salzhaltig.
- Lebensmittel, die stark gezuckert sind.
- Frittierte Lebensmittel und Gerichte, auch wenn viele Babys Pommes lieben.
- Schalentiere wie Krebse und Krabben, rohen Fisch, rohe Eier und Rohmilchprodukte, weil hier die Gefahr von Infektionen durch beispielsweise Salmonellen sehr hoch ist.
- Kleine, harte Lebensmittel wie Nüsse oder Weintrauben (aufgrund der Kerne), um Ersticken vorzubeugen.
- Rohe Karotten oder Äpfel, weil das Baby sich daran verschlucken und ersticken kann.
- Honig, weil er sehr allergenhaltig ist und Allergien bei Ihrem Baby auslösen kann.
- Stark gewürzte oder scharfe Gerichte, weil der Geschmackssinn des Babys sich

noch nicht daran gewöhnen konnte und sehr empfindlich auf intensive Geschmäcker reagiert.

Die sieben besten Tipps für den Alltag mit BLW

1. Nehmen Sie Ihr Baby von Anfang an mit an den Esstisch. So ist Ihr Kind direkt mit dem Konzept „Essen“ vertraut.
2. Ihr Baby sollte weder Hunger haben noch gerade erst eine Milchmahlzeit erhalten haben, wenn Sie mit BLW starten.
3. Essen Sie selbst, wenn Ihr Baby isst! Seien Sie ein Vorbild und motivieren Sie Ihr Kind zum Essen!
4. Lassen Sie Ihr Baby bestimmen, wie viel es isst und wie viel Milch es weiterhin trinken möchte.
5. Bieten Sie Ihrem Baby eine Auswahl an Fingerfood an, aus der es selbst wählen kann.
6. Legen Sie den Spruch „Mit Essen spielt man nicht!“ ad acta. Ihr Baby soll das Essen mit allen Sinnen ausprobieren und wahrnehmen. Da ist die ein oder andere Sauerei vorprogrammiert, was aber vollkommen okay ist.
7. Akzeptieren Sie den Zustand Ihres Esstischs. Ja, Sie werden nach jeder Mahlzeit putzen müssen. Das ist jetzt einfach so.

Hat BLW Nachteile für Sie oder Ihr Baby?

Tatsächlich gehen mit BLW zwei Nachteile einher. Den ersten habe ich bereits angesprochen: die Sauerei an Ihrem Esstisch. Dem können Sie aber etwas entgegenwirken, indem Sie Ihrem Kind ein rutschfestes Platzset aus Silikon auf den Tisch legen, das Sie nach der Mahlzeit ganz entspannt abwischen können. Zusätzlich sollten Sie Ihrem Kind kein klassisches Lätzchen anziehen, sondern eins mit Ärmeln. So ist die Wahrscheinlichkeit größer, dass Babys Outfit sauber bleibt.

Der zweite Nachteil besteht aus den Leuten, die BLW skeptisch sehen und Ihnen das auch immer wieder ungefragt mitteilen werden. Sie brauchen ein dickes Fell, um die ungefragten Ratschläge Ihrer Schwiegermutter zu ignorieren. Argumentieren Sie einfach damit, dass der deutsche Hebammenverband BLW empfiehlt und keine Bedenken äußert.

Ob Baby-led Weaning der richtige Weg für Sie ist, müssen Sie für sich selbst entscheiden. Ich persönlich habe die besten Erfahrungen damit gemacht, nicht allzu dogmatisch an die Sache heranzugehen: Kombinieren Sie doch einfach Brei und Fingerfood im Alltag. Solange Ihr Baby nebenher gestillt wird oder Pre-Milch bekommt, können Sie gar nicht so viel falsch machen. Im Zweifelsfall fragen Sie einfach Ihre Hebamme oder Ihren Kinderarzt um Rat. So werden Sie den passenden Weg für sich und Ihr Baby finden.

Auf den Punkt gebracht:

Das Thema Beikost ist absolut individuell. Ob Sie Brei füttern, BLW praktizieren oder eine Mischung daraus: Machen Sie das, womit Sie und Ihr Baby sich am wohlsten fühlen.

Die besten Rezepte für selbst gemachte Babybreie

In diesem Kapitel erwarten Sie die besten Rezepte für selbst gekochten Babybrei. Sie werden für jedes Alter, jede geschmackliche Vorliebe und jede Ernährungsweise den perfekten Brei für Ihr Baby finden. Lassen Sie sich von den vielfältigen Rezepten inspirieren und suchen Sie sich die Rezepte aus, die am besten zu Ihrem Kind und seinen Bedürfnissen passen. Die Rezepte sind jedoch keine festgeschriebenen Regeln. Betrachten Sie sie als Inspiration und wandeln Sie die Rezepte ganz frei nach Ihrem individuellen Bedarf ab. Alles kann, nichts muss.

Viel Spaß beim Kochen!

KÜRBISBREI - IDEALER ERSTER BREI

Der Kürbisbrei kann ab dem fünften Monat bzw. nach dem vierten Monat gefüttert werden. Er ist vegetarisch und sogar vegan und zusätzlich glutenfrei. Für viele Babys ist der Kürbisbrei ein leckerer Einstieg in die halbfeste Nahrung.

Zutaten

1 kleiner Hokkaidokürbis
Wasser
Rapsöl

Nährwerte pro Portion

8,5 kcal
54 g Kohlenhydrate
5,3 g Fett
1,1 g Eiweiß

1 Teilen Sie den Kürbis einmal der Länge nach und entfernen Sie alle Kerne (Tipp: Heben Sie die Kerne auf und lassen Sie sie auf einem Stück Küchenkrepp trocknen. Dann können Sie ganz einfach eine neue Generation Kürbisse züchten, das ist einfacher als gedacht!)

2 Schneiden Sie den Kürbis nun in kleine Stücke, die Sie in einem Topf mit etwas Wasser bedecken. Lassen Sie die Stücke jetzt zugedeckt für ungefähr zehn Minuten bei mittlerer Hitze köcheln.

3 Pürieren Sie die Kürbismasse.

4 Frieren Sie sie portionsweise ein und rühren Sie vor dem Füttern pro Portion einen Teelöffel Rapsöl unter, damit Ihr Baby mit wertvollen Fettsäuren versorgt wird.

AVOCADO-KARTOFFELBREI – FÜR BABYS AB DEM FÜNFTEN MONAT

Dieser Brei ist super einfach gemacht und sehr gesund. Meist schmeckt er auch den Eltern – probieren Sie es aus! Einfrieren können Sie den Brei auch, er verändert dann jedoch leicht seine Konsistenz.

Zutaten

1 Avocado
400 g Kartoffeln (am besten mehlig kochende)

Nährwerte pro Portion

99,2 kcal
8,6 g Kohlenhydrate
5,9 g Fett
1,5 g Eiweiß

1 Schälen Sie die Kartoffeln, schneiden Sie sie in kleine Stücke und kochen Sie sie leicht mit Wasser bedeckt in einem Topf. Schälen Sie währenddessen eine Avocado und entfernen Sie den Kern.

2 Kochen Sie die Kartoffeln, bis sie bissfest sind, und nehmen Sie sie von der Kochplatte.

3 Fügen Sie nun die Avocado hinzu und pürieren Sie beides zu einem Brei. Da die Avocado sehr fetthaltig ist, benötigen Sie kein zusätzliches Öl. Ihr Baby ist auch so optimal mit Nährstoffen versorgt.

BIRNEN-PFLAUMEN-BREI – FÜR BABYS AB DEM FÜNFTEN MONAT

Dieser Brei ist ebenfalls kinderleicht zuzubereiten und schmeckt auch Erwachsenen. Sie können ihn auch perfekt als Beilage für Grießbrei verwenden. Da Pflaumen leicht abführend wirken, kann dieser Brei Verstopfungen Ihres Babys lindern und bei Bauchschmerzen helfen.

Zutaten

4 reife Pflaumen, alternativ
8 getrocknete Pflaumen
(aber bitte ungeschwefelt)
2 reife Birnen

Nährwerte pro Portion

86,5 kcal
18,4 g Kohlenhydrate
0,4 g Fett
0,7 g Eiweiß

1 Schneiden Sie die Pflaumen in möglichst kleine Stücke und geben Sie sie in einen Topf. Geben Sie etwas Wasser hinzu und lassen Sie die Mischung für ungefähr fünf Minuten bei geringer Hitze vor sich hin köcheln.

2 Geben Sie die klein geschnittenen Birnen ebenfalls hinzu und lassen Sie das Obst für weitere drei Minuten leicht kochen.

3 Pürieren Sie nun alles zu einem feinen Brei.

APFELMUS – FÜR BABYS AB DEM FÜNFTEN MONAT

Dieses Rezept erklärt Ihnen, wie Sie ganz einfach zuckerfreies Apfelmus selbst herstellen können. Sie können das Mus pur füttern, aber auch mit Grieß kombinieren.

Zutaten

5 süße, frische Äpfel
eine Stange Vanille oder Vanillearoma
etwas Zitronensaft

Nährwerte pro Portion

93,6 kcal
20,7 g Kohlenhydrate
0,3 g Fett
0,5 g Eiweiß

1 Waschen Sie die Äpfel gründlich ab, schälen Sie sie und schneiden sie in Viertel. Entfernen Sie nun das Kerngehäuse und schneiden Sie sie dann in kleine Würfel.

2 Lassen Sie die Äpfel in etwas Wasser kochen, bis sie anfangen, weich zu werden. Kochen Sie die Äpfel nicht unnötig lange, um nicht zu viele Vitamine zu zerstören.

3 Geben Sie nun etwas Vanille und einen kleinen Spritzer Zitronensaft zu der Mischung.

4 Pürieren Sie die Äpfel nun zu Mus – fertig. Lassen Sie es sich schmecken!

BRATAPFELBREI - FÜR BABYS AB DEM FÜNFTEN MONAT

Dieser Brei schmeckt nicht nur in der Adventszeit lecker, sondern das ganze Jahr über. Die Zubereitung ist kinderleicht. Wenn Sie mögen, können Sie direkt einen Bratapfel für sich selbst machen und einen für Ihr Baby, um ihn zu diesem leckeren Brei zu verarbeiten. Der Brei kann vegetarisch oder sogar vegan zubereitet werden.

Zutaten

1 großer und möglichst süßer Apfel
1 EL Butter oder vegane Margarine
2 Zwiebäcke ohne Zucker
nach Wunsch Vanillearoma oder Zimt

Nährwerte pro Portion

117,1 kcal
15,5 g Kohlenhydrate
5,2 g Fett
1,2 g Eiweiß

1 Waschen Sie den Apfel gut ab und geben Sie ihn dann in den auf 180 Grad Celsius vorgeheizten Backofen bei Ober- und Unterhitze.

2 Lassen Sie den Apfel nun für ungefähr 15–20 Minuten backen oder „braten“. Sie können den Apfel auch schon vor dem Backen vierteln und das Kerngehäuse entfernen.

3 Währenddessen sollten Sie den Zwieback so klein wie möglich zerbröseln oder hacken. Nehmen Sie dafür einen Gefrierbeutel, füllen Sie den Zwieback hinein und bearbeiten Sie den geschlossenen(!) Beutel dann mit einem Nudelholz.

4 Wenn der Apfel fertig gebacken ist, können Sie das Fruchtfleisch vorsichtig aus dem Apfel herausholen und es mit der Butter und dem Zwieback zu einem feinen Brei verrühren.

Je nachdem, wie Sie sich die Konsistenz des Breis wünschen, können Sie ihn auch noch mit einem Pürierstab feiner pürieren oder zusätzlich etwas Flüssigkeit wie Milch, Wasser oder Apfelsaft hinzufügen. Ich persönlich gebe immer noch gerne etwas Vanille oder Zimt hinzu, damit der Geschmack nach Bratapfel möglichst authentisch ist.

GRUNDREZEPT FÜR EINEN GEMÜSE-KARTOFFEL-FLEISCH-BREI

Dieses Rezept ist ab dem fünften Monat geeignet und legt den Grundstein für ein Mittagessen mit Fleisch für Ihr Baby. Füttern Sie diese Breie am besten mittags, damit Sie dann gegen Ende des ersten Lebensjahres langsam zur normalen Familienkost übergehen können. Sie müssen Ihrem Baby selbstverständlich kein Fleisch geben, auch die rein vegetarische oder sogar vegane Ernährung eines Säuglings ist problemlos möglich. Achten Sie dann vor allem darauf, dass Ihr Kind ausreichend Eisen und Vitamin B12 zu sich nimmt. Lassen Sie sich am besten von Ihrem Kinderarzt oder Ihrer Hebamme zu diesem Thema beraten.

Kommen wir nun aber zum Fleischbrei, der ersten Gelegenheit, bei der Ihr Kind Fleisch zu sich nehmen wird, wenn Sie es denn wünschen. Dieses Rezept ist ein Grundrezept, Sie können es so variieren, dass es zu Ihren Bedürfnissen und zu denen Ihres Kindes passt. Seien Sie kreativ, was die Zutaten angeht!

Zutaten

100 g Gemüse nach Wahl
50 g Kartoffeln (mehlig kochend)
30 g Fleisch nach Wahl
1 EL Rapsöl

1 Achten Sie darauf, dass einige Fleischsorten länger gekocht werden müssen als das Gemüse und die Kartoffeln. Deswegen ist es manchmal sinnvoller, das Fleisch separat zu kochen und eventuell auch portionsweise einzufrieren. So können Sie dann je nach Situation spontan einfach eine Portion Fleisch zu einem Gemüse-Kartoffel-Brei hinzugeben.

Nährwerte pro Portion

117,1 kcal
15,5 g Kohlenhydrate
5,2 g Fett
4,0 g Eiweiß

Damit Ihr Baby die enthaltenen Nährstoffe optimal aufnehmen kann, vor allem das Eisen, ist es sinnvoll, zum Nachtisch noch eine Portion Obstbrei anzubieten. Durch das darin enthaltene Vitamin C wird die Aufnahme des Eisens deutlich erleichtert.

APFEL-BIRNEN-HIRSEBREI

Dieser Brei ist ab dem fünften Monat geeignet und enthält viel gesundes Eisen. Durch die enthaltene Hirse sättigt er deutlich länger als reine Obstbreie.

Zutaten

300 ml heißes Wasser
40 g Hirseflocken, nach Möglichkeit instant
1 kleine Birne
1 kleiner Apfel

Nährwerte pro Portion

135,2 kcal
28,1 g Kohlenhydrate
0,7 g Fett
2,5 g Eiweiß

1 Übergießen Sie die Hirseflocken mit dem heißen Wasser und lassen Sie die Mischung quellen.

2 Schälen Sie in der Zwischenzeit die Birne und den Apfel und schneiden Sie beides in kleine Würfel.

3 Dünsten Sie das Obst nun mit zwei Esslöffeln Wasser und einem halben Teelöffel Butter.

4 Geben Sie nun alle Zutaten zusammen und pürieren Sie sie nach Bedarf.

BLUMENKOHL-KARTOFFEL-BREI

Dieser vegetarische Brei ist ab dem siebten Monat geeignet. Blumenkohl ist die ideale erste Kohlsorte Ihres Babys und begeistert mit seinem milden Geschmack die meisten Babys. Das Besondere an diesem Brei ist, dass er mit Fencheltee gekocht wird. Fenchel wirkt sich positiv auf die Verdauung Ihres Babys aus und hilft gut gegen Bauchschmerzen. Da kein frischer Fenchel enthalten ist, können Sie diesen Brei auch auf Vorrat einfrieren. Die unten angegebene Menge reicht für ungefähr acht Portionen.

Zutaten für 8 Port.

1 kg Blumenkohl
300 ml Fencheltee
Rapsöl

für jede Portion 20 g Getreideflocken jeweils frisch unterrühren

Nährwerte pro Portion

94,1 kcal
3,3 g Kohlenhydrate
3,4 g Fett
6,6 g Eiweiß

1 Bereiten Sie den Tee nach Anweisung zu und lassen Sie ihn ungefähr fünf Minuten ziehen.

2 Währenddessen schälen Sie die Kartoffeln, schneiden sie klein und geben sie in einen Topf.

3 Zupfen Sie den Blumenkohl in kleine Röschen, waschen Sie sie gut und geben Sie die Röschen zu den Kartoffeln. Wenn es Ihnen lieber ist, können Sie auch tiefgefrorenen Blumenkohl verwenden.

4 Kochen Sie das Gemüse nun in dem Tee. Wenn zu wenig Flüssigkeit vorhanden ist, können Sie etwas Wasser hinzufügen.

5 Kochen Sie das Gemüse, bis es weich und gar ist. Pürieren Sie nun das Gemüse.

6 Wenn Sie eine Portion aufwärmen, geben Sie einen Esslöffel Rapsöl hinzu und 20 Gramm Getreideflocken.

7 Wenn der Brei dann zu fest ist, können Sie ihn mit etwas Wasser oder Orangensaft verdünnen.

GEMÜSE-RISOTTO

Dieses Risotto ist vegetarisch und ab dem achten Monat geeignet. Wenn Sie es nicht pürieren, wird es auch den Erwachsenen schmecken.

Zutaten

300 g Möhren
300 g Zucchini
250 g TK-Erbsen
150 g Dosentomaten
400 g gekochter Reis (das sind 130 g ungekochter Reis)
nach Belieben Kräuter

Nährwerte pro Portion

113 kcal
20,6 g Kohlenhydrate
0,6 g Fett
4,6 g Eiweiß

1 Bereiten Sie den Reis nach Packungsanleitung zu und spülen Sie ihn unter heißem Wasser ab.

2 Während der Kochzeit schälen Sie die Möhren und Zucchini und schneiden sie in kleine Stückchen.

3 Lassen Sie die Möhren nun für drei Minuten bei geringer Hitze köcheln, geben Sie die Erbsen und Zucchini hinzu und lassen Sie das Gemüse für weitere fünf Minuten köcheln.

4 Gießen Sie das Gemüse anschließend ab und fangen Sie das Kochwasser auf.

5 Mischen Sie das Gemüse mit dem Reis und pürieren Sie alles zusammen mit den Dosentomaten.

6 Fügen Sie so viel Kochwasser hinzu, bis eine angenehme Konsistenz erreicht ist.

7 Am Ende können Sie noch nach Geschmack Kräuter hinzufügen. Vergessen Sie nicht, jeder Portion noch einen Esslöffel Rapsöl hinzuzufügen, damit Ihr Baby ausreichend Nährstoffe zu sich nimmt und die Vitamine im Essen gut aufgenommen werden können.

GRIEẞBREI MIT HEIDELBEEREN – AB DEM ACHTEN MONAT

Dieser Grießbrei ist sehr sättigend und eignet sich deshalb besonders gut für abends, damit Ihr Baby ab dem achten Monat langsam lernt, durchzuschlafen. Dieser Grießbrei ist durch die Heidelbeeren so lecker, dass ihn auch ältere Kinder gerne essen. Achten Sie bitte darauf, frische Heidelbeeren zu verwenden, da die Beeren aus dem Glas häufig Zucker enthalten und für Babys nicht geeignet sind. Tiefgekühlte Heidelbeeren können jedoch eine interessante Alternative darstellen.

Zutaten für 1 Port.

2,5 EL Dinkel- oder Weizengrieß
80 g Heidelbeeren, nach Möglichkeit frisch
200 ml Vollmilch

Nährwerte pro Portion

132,6 kcal
17,4 g Kohlenhydrate
4,4 g Fett
4,9 g Eiweiß

1 Geben Sie zu Beginn die Heidelbeeren in einen Topf, bedecken Sie sie knapp mit Wasser und kochen Sie sie ungefähr zwei Minuten bei leichter Hitze.

2 Pürieren Sie die Beeren nun zu einem feinen Brei. Ältere Kinder mögen den Brei jedoch gerne mit ungekochten und unpürierten Beeren.

3 Kochen Sie die Milch nun in einem Topf kurz auf und rühren Sie den Grieß ein. Lassen Sie ihn für einige Minuten bei leichter Hitze köcheln und rühren Sie dabei die ganze Zeit gut um, sodass sich keine Klümpchen bilden oder der Brei anbrennt.

4 Wenn der Brei die gewünschte Konsistenz erreicht hat, heben Sie die Heidelbeeren unter.

5 Um den Brei besonders lecker zu machen, können Sie zum Schluss noch einen Teelöffel Butter unter den fertigen Brei rühren.

Sie können den Brei auch vegan zubereiten, wenn Sie die Milch einfach durch ein entsprechendes pflanzliches Produkt ersetzen und die Butter durch Margarine.

KAROTTENBREI MIT MAIS UND MILCH

Dieser Brei ist ab dem siebten Monat geeignet und vegetarisch. Er ist ein Brei für abends, da er besonders gut sättigt und eine leckere Alternative für Babys, die abends keinen süßen Brei essen wollen. Nehmen Sie lieber Mais aus dem Tiefkühlregal als aus der Dose, da dieser zu viel Salz enthält.

Zutaten

2 Karotten
3 TL Mais
100 ml Vollmilch oder Pre-Milch
15 g Instant-Haferflocken
1 EL Butter

Nährwerte pro Portion

135,7 kcal
12,5 g Kohlenhydrate
6,8 g Fett
3,9 g Eiweiß

1 Schälen Sie die Karotten und schneiden Sie sie in kleine Stückchen. Geben Sie sie gemeinsam mit dem Mais in einen Topf und bedecken Sie sie leicht mit Wasser.

2 Kochen Sie das Gemüse nun gemeinsam für ca. zehn Minuten und pürieren Sie es anschließend. Während das Gemüse kocht, können Sie aus der Milch und den Haferflocken einen Brei zubereiten.

3 Rühren Sie nun die Hälfte des Karotten-Maisbreis mit dem Getreidebrei und der Butter zusammen. Fertig ist der Brei!

Die andere Hälfte können Sie im Kühlschrank für den nächsten Abend aufbewahren. Dann brauchen Sie nur noch den Getreidebrei frisch zuzubereiten. Das ist viel einfacher als gedacht, oder?

Die besten Fingerfood-Ideen für Ihr Baby

In diesem Kapitel erwarten Sie die besten Fingerfood-Ideen für Ihr Baby. Sie können die Rezepte kochen, wenn Sie das Konzept des BLW verfolgen, aber auch einfach Ihren Alltag mit Brei damit aufpeppen. Sie werden schnell merken, dass einige der Rezepte Ihnen sicherlich genauso gut schmecken wie Ihrem Baby. Sind Sie auch schon so gespannt?

VEGETARISCHE MÖHRENPUFFER

Ich verspreche Ihnen, dass Sie dieses Rezept lieben werden! Es ist schnell und einfach zubereitet, aber dennoch gesund. Nicht nur Babys lieben die Puffer, sondern auch Schulkinder und Erwachsene. Ihr Baby kann die Möhrenpuffer ab der Beikostreife essen. Verwenden Sie zum Anbraten ein Öl Ihrer Wahl. Ich persönlich nehme gerne Kokosöl, da die Puffer so eine leichte exotische Note erhalten.

Zutaten für 3 Port.

1 kleine Zwiebel
2 Möhren
2 Kartoffeln
2 Eier
3 EL Mehl, Sorte je nach Geschmack
3 EL zarte Haferflocken (die gröberen ergeben Puffer, die leicht auseinanderfallen)

1 Schälen Sie die Zwiebel und schneiden Sie sie in kleine Würfel. Schälen Sie die Möhre und die Kartoffeln und raspeln Sie sie fein.

2 Vermischen Sie die Zutaten gut miteinander.

Braten Sie die Puffer in einer Pfanne mit Öl bei mittlerer Hitze.

Nährwerte pro Portion

176,2 kcal
24,5 g Kohlenhydrate
4,3 g Fett

7,2 g Eiweiß

Tipp: Zu den Puffern passt Kräuterquark ideal als Dip.

APFELMUSBRÖTCHEN

Apfelmusbrötchen sind ein wunderbares Rezept für Ihr Baby. Sie sind ohne Zucker und ohne Ei und auch für Veganer geeignet, wenn Sie die Milch durch eine pflanzliche Alternative ersetzen. Die Brötchen sind ideal als Frühstück oder kleiner Snack für unterwegs geeignet. Achten Sie darauf, dass Sie auch wirklich Apfelmus oder Apfelmark für die Brötchen verwenden, das keinen zugesetzten Zucker enthält. Ich empfehle die Brötchen ab dem siebten Monat.

Zutaten für 10 Brötchen

500 g Weizen- oder Dinkelmehl
200 ml lauwarme Milch oder pflanzlicher Milchersatz
150 g Apfelmus ohne Zucker (gekauft oder selbst gemacht)
21 g frische Hefe (ein Würfel aus dem Kühlregal)
1 Prise Salz
nach Belieben Rosinen

Nährwerte pro Brötchen

198,7 kcal
38,8 g Kohlenhydrate
1,6 g Fett
6,2 g Eiweiß

1 Geben Sie alle Zutaten in eine Schüssel und kneten Sie sie für ungefähr zehn Minuten durch. Je besser Sie den Teig durchkneten, desto fluffiger und besser schmecken die Brötchen hinterher. Also: Durchhalten!

2 Geben Sie den Teig danach in eine saubere Schüssel, bedecken Sie ihn mit einem Geschirrtuch und lassen Sie ihn für ein bis zwei Stunden an einem warmen Ort gehen, bis sich das Volumen sichtlich vergrößert hat.

3 Kneten Sie den Teig dann gut durch und formen Sie Brötchen daraus. Die Größe können Sie ganz nach Ihrem Geschmack festlegen.

4 Gebacken werden Ihre Brötchen dann bei 180 Grad Celsius Ober- und Unterhitze für ungefähr 30 Minuten im vorgeheizten Backofen.

BABY-BROT OHNE SALZ

Dieses Rezept wird Ihnen dabei helfen, ein gesundes und leckeres Brot zu backen, das sich ideal für die ersten Essversuche Ihres Babys eignet. In gekauftem Brot ist häufig sehr viel Salz, was für die empfindlichen Nieren Ihres Babys ein Problem darstellen kann. Die Möhren in meinem Rezept sind ein zusätzlicher Vitaminbooster und das Vollkornmehl wird Ihr Baby lange sättigen.

Zutaten für 1 Brot

1/2 Würfel frische Hefe oder 1 Päckchen Trockenhefe
500 g Dinkelmehl
1 kleine Tasse Haferflocken
optional Leinsamen
2 Möhren
2 EL Apfelessig
450 ml lauwarmes Wasser

1 Lösen Sie die Hefe im Wasser auf. Reiben Sie währenddessen die Möhren klein und vermischen Sie alle Zutaten zu einem Brotteig. Lassen Sie den Teig nun für eine Stunde ruhen und geben Sie ihn dann in eine gefettete Kastenform.

2 Heizen Sie Ihren Ofen nun auf 200 Grad Celsius vor und lassen Sie das Brot für ungefähr 60 Minuten backen.

Nährwerte je Scheibe

bei 16 Scheiben

119,7 kcal
23,6 g Kohlenhydrate
0,6 g Fett
4,0 g Eiweiß

Wenn Sie die Leinsamen in den Teig geben, fördert das die Verdauung Ihres Babys. Der Essig mildert den Hefegeschmack etwas ab und macht das Brot fluffiger.

ZUCCHINI-BANANEN-MUFFINS

Dieses Rezept eignet sich ab dem achten Monat und ist vegetarisch. Die Muffins kommen komplett ohne Industriezucker aus. Durch die Bananen haben sie eine angenehme Süße und Ihr Baby wird sie sicherlich mögen. Sie sind ein perfekter Snack für unterwegs und auch Kindergarten- und Schulkinder lieben sie. Die Zucchini schmeckt man kaum aus den Muffins heraus, sie sorgt lediglich für eine zusätzliche Portion Vitamine. Probieren Sie es aus, Ihre Kinder werden begeistert sein!

Zutaten für 12 Muffins

1 kleine Zucchini
2 sehr reife Bananen
4 ungeschwefelte Datteln
50 g Bio-Kokosöl
150 Gramm Weizenmehl
2 Eier
1/2 Päckchen Backpulver

Nährwerte je Muffin

83,3 kcal
13,9 g Kohlenhydrate
1,7 g Fett
2,6 g Eiweiß

1 Beginnen Sie damit, die vier Datteln in etwas Wasser einzuweichen. Lassen Sie sie für mindestens eine Stunde stehen.

2 Waschen Sie nun die Zucchini gründlich ab und raspeln Sie sie mit Schale fein in eine Schüssel. Lassen Sie die Schale unbedingt dran, damit die wertvollen Vitamine nicht verloren gehen.

3 Geben Sie nun die Bananen dazu und pürieren Sie die Zucchini mit den Bananen zu einem Brei.

4 Danach sollten Sie die Datteln samt dem Wasser dazugeben und ebenfalls pürieren.
Geben Sie dann die restlichen Zutaten hinzu und vermischen Sie alles zu einem cremigen und geschmeidigen Teig.

5 Heizen Sie nun den Backofen auf 175 Grad Celsius Ober- und Unterhitze vor und verteilen Sie den Teig auf einem Muffinblech oder in Papierförmchen. Wenn Sie mögen, können Sie die Muffins jetzt noch mit zuckerfreien Schokodrops bestreuen. Backen Sie die Muffins für ungefähr 20 Minuten. Machen Sie am Ende der Backzeit eine Garprobe.

APFELPFANNKUCHEN VOM BLECH

Diese Apfelpfannkuchen sind gesund, weil sie wenig Zucker, viele Vitamine und Ballaststoffe durch Äpfel und Vollkornmehl enthalten. Deshalb sind sie ideal für alle Kinder ab dem siebten Monat geeignet. Dennoch schmecken sie auch Erwachsenen. Sie sind der ideale Snack für unterwegs. Weil sie, wie es zum Beispiel in Finnland üblich ist, im Ofen gebacken werden statt in einer Pfanne, sind sie deutlich fettärmer und Sie können sie ganz bequem mit dem Baby auf dem Arm backen.

Zutaten für 1 Blech

125 g Vollkornmehl
125 g Weizenmehl
2 Eier
1 Prise Salz
1 Päckchen Vanillezucker (optional)
1 EL weiche Butter oder Margarine
2 große Äpfel
650 ml Vollmilch

1 Beginnen Sie damit, den Backofen auf 200 Grad Celsius Ober- und Unterhitze vorzuheizen, da der Teig schnell zubereitet ist.

2 Verrühren Sie alle Zutaten zu einem schaumigen Teig. Die Äpfel sollten Sie in kleine Würfel schneiden und unter den Teig rühren.

3 Belegen Sie nun ein hohes Backblech mit Backpapier und verteilen Sie den Teig darauf. Backen Sie den Pfannkuchen nun für ungefähr 25 Minuten. Nach dem Backen können Sie den Pfannkuchen wie einen klassischen Blechkuchen in Stücke schneiden.

Nährwerte je Stück

(16 Stücke)

105,8 kcal
14,8 g Kohlenhydrate
3,2 g Fett
3,6 g Eiweiß

BABYKEKSE OHNE ZUCKER

Dieses Rezept ist ab dem neunten Monat geeignet und kommt ohne Zucker aus. Viele Babykekse aus dem Supermarkt enthalten versteckten Zucker und/oder Palmöl, das für Babys nicht wirklich geeignet ist. Deswegen sind diese Kekse eine wunderbare Alternative und schnell und einfach zubereitet.

Zutaten für 1 Blech

175 g Dinkelvollkornmehl
5 EL zarte Haferflocken
2 EL Mandelmus (kann auch ganz einfach selbst hergestellt werden)
2 reife Bananen
4 EL weiche Butter
je nach Geschmack etwas Vanillemark oder der Abrieb einer Bio-Zitrone

1 Kneten Sie alle Zutaten zu einem geschmeidigen Teig und formen Sie daraus kleine Kugeln.

2 Legen Sie die Kugeln auf ein mit Backpapier belegtes Backblech. Drücken Sie die Kekse dann mit einer Gabel leicht flach.

3 Gebacken werden die Kekse bei 175 Grad Celsius Ober- und Unterhitze für ungefähr 15 Minuten.

Nährwerte je Stück

(16 Stücke)

82,4 kcal
12 g Kohlenhydrate
2,7 g Fett
1,9 g Eiweiß

Bewahren Sie die Kekse am besten in einer luftdichten Dose auf, damit sie lange schmecken.

ZUCKERFREIE BANANEN-PANCAKES

Dieses Rezept für Bananen-Pancakes ist wirklich kinderleicht und schmeckt allen Babys. Sie sind ab dem siebten Monat geeignet und können wunderbar zum Frühstück zusammen mit Apfelmus oder ganz einfach unterwegs als Snack angeboten werden. Wenn Sie den Pancakes eine zusätzliche Portion Eisen hinzufügen wollen, zum Beispiel weil Sie Veganer oder Vegetarier sind, sollten Sie ein paar Haferflocken untermischen. Für ein exotisches Aroma können Sie auch gerne Kokosraspeln in den Teig rühren.

Zutaten für 3 Port.

2 Eier
1 Banane, je reifer sie ist, desto süßer werden die Pancakes
1 EL Vollkornmehl oder normales Mehl
nach Geschmack 3 EL Haferflocken oder 1 EL Kokosraspeln

1 Pürieren Sie die Banane und mischen Sie dann Eier und Mehl unter.

2 Backen Sie die Pancakes danach in einer Pfanne aus. So haben Sie in weniger als fünf Minuten ein leckeres Frühstück für Ihr Baby und sich selbst.

Nährwerte pro Portion

162,5 kcal
17,3 g Kohlenhydrate
7,2 g Fett
6,0 g Eiweiß

COUSCOUS-GEMÜSE-BÄLLCHEN

Diese herzhafte vegetarische Mahlzeit ist ab dem siebten Monat geeignet. Die Bällchen sind schnell zubereitet und haben eine angenehme, weiche Konsistenz. Sie können zur Zubereitung jede beliebige Gemüsesorte wählen. Besonders gut schmecken Möhren und Tomaten.

Couscous stammt aus Nordafrika und ist sehr gesund. Er enthält viele Ballaststoffe, Vitamine und Mineralstoffe. Er sättigt gut und lange, ist deshalb eine ideale Alternative zu Nudeln, Kartoffeln und Reis und deutlich schneller zubereitet.

Zutaten

150 ml kochendes Wasser
75 g Couscous
150 g Gemüse nach Wahl
Rapsöl

Nährwerte pro Portion

118 kcal
14,7 g Kohlenhydrate
5,1 g Fett
2 g Eiweiß

1 Beginnen Sie mit der Zubereitung des Couscous. Übergießen Sie die 75 g Couscous mit 150 ml kochendem Wasser.

2 Schälen und schneiden Sie danach Ihr ausgewähltes Gemüse in kleine Stücke und kochen Sie es in wenig Wasser weich.

3 Pürieren Sie das Gemüse dann mit dem Kochwasser und rühren Sie so viel Couscous ein, dass die Masse nicht mehr flüssig ist. Geben Sie noch einen Esslöffel Rapsöl hinzu und formen Sie kleine Bällchen aus der Masse. Je nach Geschmack können Sie die Bällchen sofort servieren oder noch in einer Pfanne oder im Backofen kurz rösten oder anbraten.

DINKELSTANGEN OHNE ZUCKER

Dieses einfache Rezept ist ein absoluter Klassiker der breifreien Küche für Babys. Die Stangen sind ab sechs Monaten geeignet und kommen ohne Zucker und Ei aus. Durch die Banane haben sie einen angenehm süßen Geschmack und schmecken auch Erwachsenen. Das Rezept ergibt zwei Bleche der Dinkelstangen, die Sie auch ganz einfach einfrieren oder mit anderen Müttern und Vätern teilen können. Sie können aber auch die halbe Menge der Zutaten nehmen und nur ein Blech backen. Die Dinkelstangen sind aufgrund ihrer länglichen Form ideal dafür geeignet, dass Ihr Baby sie selbst in der Hand halten und daran knabbern kann. Achten Sie jedoch darauf, dass Ihr Baby die Stangen nicht unbeaufsichtigt isst, und dass es aufrecht sitzt, damit es sich nicht verschlucken kann.

Zutaten für 2 Bleche

3 reife Bananen
3 Möhren
ein halber Apfel
125 g weiche Butter
500 g Dinkelmehl

Nährwerte pro Portion (bei 15 Stangen pro Blech)

104,5 kcal
15,2 g Kohlenhydrate
3,7 g Fett
2,0 g Eiweiß

1 Beginnen Sie damit, die Möhren und den Apfel zu schälen und anschließend fein zu reiben.

2 Zerdrücken Sie danach die Bananen und geben Sie sie zu der Masse aus Apfel und Möhren.

3 Verkneten Sie anschließend alles mit dem Dinkelmehl und der Butter zu einem geschmeidigen Teig.

4 Formen Sie aus dem Teig kleine Stangen, die ideal in die Hände Ihres Babys passen, und legen Sie sie auf ein mit Backpapier ausgelegtes Backblech. Wenn Sie dabei Schwierigkeiten haben, weil der Teig noch zu matschig ist, sollten Sie noch etwas Mehl hinzugeben, bis die Konsistenz angenehm ist.

5 Backen Sie die Dinkelstangen dann bei 200 Grad Celsius Ober- und Unterhitze für ungefähr 30 Minuten im vorgeheizten Backofen. Lassen Sie die fertigen Stangen abkühlen und frieren Sie sie bei Bedarf in Gefrierbeuteln oder Dosen ein.

So haben Sie mit wenig Aufwand schnell einen gesunden und leckeren Snack für Ihr Baby in Reichweite. Absolut einfach, oder?

SÜẞE FRÜHSTÜCKSPIZZA MIT HAFERFLOCKEN

Frühstückspizza, was soll das sein? Tatsächlich ein superleckeres und schnell zubereitetes Frühstück für Babys und Kleinkinder, die ihr Essen gern selbst in die Hand nehmen wollen. Die Pizza kann pur als Mahlzeit gegeben werden, aber auch belegt mit frischem Obst. Besonders im Winter ist dieses warme Frühstück ein leckerer und gesunder Start in den Tag. Das Rezept reicht für ein bis zwei Erwachsene und zwei Kinder. Sie können die Pizza auch ganz leicht vegan zubereiten. Ersetzen Sie dafür den Joghurt im Rezept einfach durch eine pflanzliche Joghurtalternative oder durch Fruchtmus.

Zutaten für 1 Blech

100 Gramm Haferflocken, kernig oder zart
1 TL Leinsamen
200 Gramm Obstmus nach Wahl
1 EL Wasser
Naturjoghurt
frisches Obst nach Geschmack, im Winter geht natürlich auch TK-Ware

Nährwerte ja Stück (bei 6 Stücken)

97,7 kcal
16,7 g Kohlenhydrate
1,7 g Fett
2,9 g Eiweiß

1 Vermischen Sie die Haferflocken mit den Leinsamen, dem Obstmus und dem Wasser. Lassen Sie die Masse etwa fünf Minuten quellen.

2 Heizen Sie Ihren Backofen auf 200 Grad Celsius Ober- und Unterhitze vor und belegen Sie ein Backblech mit Backpapier. Streichen Sie den Pizzateig jetzt auf das Blech und schieben Sie ihn für ungefähr zehn Minuten in den Backofen.

3 Nachdem die Backzeit um ist, sollten Sie die Pizza mit etwas Naturjoghurt bestreichen und sie mit Obst belegen. Im Sommer schmecken frische Beeren am besten, im Winter sind Bananenstücke, Apfelscheiben und ein bisschen Zimt eine wunderbare Kombination.

FRUCHTIGES HÄHNCHENCURRY

Dieses Rezept ist ab dem zehnten Monat geeignet, wenn das Baby anfängt, selbst mit dem Löffel zu essen. Es ist einfach zuzubereiten und für ein Curry sehr mild im Geschmack. Für sich selbst können Sie natürlich gerne noch am Tisch nachwürzen, falls der Geschmack Ihnen zu schwach erscheint. Planen Sie für die Zubereitung ungefähr 20 Minuten ein.

Zutaten für 4 Port.

400 g Hühnchen- oder Putenfleisch
200–400 g beliebiges Gemüse wie Kürbis, Zucchini, Paprika, Möhre oder Süßkartoffel
200 ml Sahne oder Kokosmilch
100 g Obst wie Mango, Apfel oder Banane
3 TL mildes Currypulver
1 EL Mehl, die Sorte ist egal
etwas Kokos- oder Olivenöl

Nährwerte pro Portion

195,7 kcal
8,6 g Kohlenhydrate
9,3 g Fett
18,6 g Eiweiß

1 Schneiden Sie das Fleisch und das Gemüse in Würfel, die für Ihr Baby eine angenehme Größe haben. Erhitzen Sie dann das Öl in einer großen Pfanne und braten Sie das Fleisch darin an.

2 Nach drei bis vier Minuten sollten Sie das Gemüse dazugeben und alles für weitere drei bis vier Minuten anbraten.

3 Geben Sie nun das Currypulver hinzu und mischen es gut unter.

4 Streuen Sie das Mehl über die Gemüse-Fleisch-Mischung und verteilen Sie es gut.

5 Im nächsten Schritt kommt die Kokosmilch bzw. die Sahne dazu. Rühren Sie alles gut um und lassen Sie den Inhalt der Pfanne für ungefähr sieben Minuten auf niedriger Hitzestufe köcheln.

6 Währenddessen sollten Sie das Obst klein schneiden und für drei Minuten mitköcheln lassen.

Am besten eignet sich Reis oder Couscous als Beilage zum Curry. Salz und andere Gewürze können Sie zum Schluss sparsam hinzufügen. Bei Babys gilt der Grundsatz, dass weniger mehr ist. Zu viel Salz ist schädlich für Babys.

LACHS-ZUCCHINI-PFANNE MIT COUSCOUS

Dieses Rezept ist einfacher und schneller, als Sie denken. Es ist für Kinder ab zehn Monaten geeignet und schmeckt der ganzen Familie. Zusätzlich sind viele Proteine und Vitamine enthalten, was das Rezept richtig gesund macht.

Zutaten für 2–3 Port.

400 g Lachsfilet
1 Knoblauchzehe
2 kleine Zucchini
etwas Öl zum Braten
1 TL Gemüsebrühe
1 TL Tomatenmark
5 EL Kokosmilch
200 ml Wasser
100 g Couscous

Nährwerte pro Portion

366,2 kcal
20,8 g Kohlenhydrate
19 g Fett
26,6 g Eiweiß

1 Schneiden Sie den Lachs und die Zucchini in kleine Würfel, die eine angenehme Größe für Ihr Baby haben. Schälen Sie den Knoblauch und schneiden Sie ihn in dünne Scheiben.

2 Erhitzen Sie das Öl in einer großen Pfanne, geben Sie die Lachs- und die Zucchiniwürfel dazu und braten Sie beides für ungefähr fünf Minuten bei mittlerer Hitze. Geben Sie anschließend den Knoblauch hinzu und braten Sie ihn für ungefähr eine Minute mit.

3 Löschen Sie die Mischung nun mit Wasser ab und rühren Sie die Kokosmilch, die Gemüsebrühe und das Tomatenmark unter. Lassen Sie das Ganze nun für einige Minuten köcheln.

4 Zum Schluss rühren Sie 100 g Couscous in 100 ml kochendes Wasser ein. Schon ist Ihr Essen fertig!

KNUSPRIGE GEMÜSE-POMMES ALS FINGERFOOD

Süßkartoffelpommes sind eine leckere und gesunde Alternative zu herkömmlichen Pommes. Sie können ab dem sechsten Monat wunderbar von Ihrem Baby in der Hand gehalten werden und schmecken der ganzen Familie. Süßkartoffeln sind zusätzlich sehr gesund. Sie sind voller Vitamin A und E und Beta-Carotin. Außerdem stecken in ihnen mehr Ballaststoffe als in „normalen" Kartoffeln, wodurch sie sättigender sind.

Zutaten für 2 Port.

2 Süßkartoffeln
2 TL Stärke wie Kartoffelmehl
2 TL Kokosöl oder Olivenöl

Nährwerte pro Portion

190 kcal
38,6 g Kohlenhydrate
1,8 g Fett
2,4 g Eiweiß

1 Schälen Sie die Süßkartoffeln und schneiden Sie sie in dünne Stifte, die von Ihrem Baby leicht in der Hand gehalten werden können. Sie können das ganz einfach per Hand mit dem Messer tun oder etwas Geld in einen Pommesschneider investieren, wenn Sie häufiger Pommes machen wollen. Wichtig ist auf jeden Fall, dass Sie die Pommes möglichst in der gleichen Größe herstellen, damit sie im Ofen gleichmäßig gar werden.

2 Geben Sie die rohen Sticks in eine Schüssel mit warmem Wasser und lassen Sie sie dort für mindestens 20 Minuten ziehen. Dadurch kann die in den Süßkartoffeln enthaltene Stärke austreten, was die Pommes am Ende knuspriger macht.

3 Lassen Sie die Pommes nun abtropfen oder tupfen Sie sie mit einem Küchentuch ab. Geben Sie die Stärke hinzu und schütteln Sie alles in einer Schüssel kräftig durch. Wenn die Stärke sich gut in den Pommes verteilt hat, sollten Sie das Öl untermischen. Gewürze können Sie je nach Geschmack ebenfalls hinzugeben, aber achten Sie darauf, dass es möglichst wenige sind, um Ihrem Baby nicht zu schaden.

4 Backen Sie die Pommes dann bei 230 Grad Celsius Ober- und Unterhitze für 30–40 Minuten, je nach Dicke. Zwischendurch sollten Sie sie wenden, damit sie auf allen Seiten gleichmäßig knusprig werden.

Zu den Pommes passt Guacamole, aber auch ein einfacher Kräuterquark oder Joghurtdip.

ZUCKERFREIE BABYWAFFELN AB DEM SIEBTEN MONAT

Dieses Rezept für zuckerfreie Waffeln schmeckt wirklich jedem. Die Waffeln werden nicht nur von Babys und Kleinkindern geliebt, sondern auch von Erwachsenen, die sich bewusst und ausgewogen ernähren. Ein toller Snack für die ganze Familie oder ein leckeres Frühstück. Besonders gut schmecken die Waffeln zusammen mit Obstmus, frischen Früchten, ein bisschen Joghurt oder geschlagener Sahne. Ab einem Jahr dürfen Kinder dann auch Ahornsirup zu den Waffeln essen.

Zutaten für 12 Waffeln

125 g Mehl
125 g weiche Butter
125 g Weichweizengrieß
3 Eier
2–3 Äpfel oder 2 Bananen oder 190 g Obstmus (ungezuckert)
250 ml Milch
1/2 Päckchen Backpulver
Vanillearoma oder Vanillemark

1 Schlagen Sie die Eier mit der weichen Butter schaumig und geben Sie danach Grieß, Mehl, Milch, Backpulver und Vanillearoma oder Vanillemark hinzu.

2 Raspeln Sie anschließend den Apfel hinein oder geben Sie das Bananenmus oder ein anderes ungezuckertes Obstmus hinzu.

3 Lassen Sie den Teig anschließend für ungefähr eine halbe Stunde ziehen, damit die Waffeln auch wirklich fluffig und locker werden.

4 Backen Sie sie dann in einem Waffeleisen Ihrer Wahl so knusprig oder locker, wie Sie es mögen.

Nährwerte je Waffel

215,1 kcal
22,9 g Kohlenhydrate
11,3 g Fett
4,9 g Eiweiß

GRIESSCHNITTEN AUS DEM BACKOFEN

Diese gesunden Grießschnitten sind ein perfekter Snack. In vielen Familien ersetzen sie den klassischen Milchbrei zum Frühstück oder sind eine praktische Wegzehrung für unterwegs. Sie können die Schnitten perfekt vorbereiten und auch optisch ansprechend wie Kekse ausstechen. Die Schnitten sind außen angenehm knusprig und innen fluffig weich. Geeignet sind sie für Babys ab sechs Monaten, da sie frei von Industriezucker sind. Kombinieren Sie die Schnitten mit etwas ungezuckertem Apfelmus, dann haben Sie ein ideales Frühstück für Ihr Baby.

Zutaten

150 g Dinkelgrieß oder Weizengrieß
1 Eigelb
500 ml Vollmilch

Nährwerte pro Portion

183 kcal
25,4 g Kohlenhydrate
5,6 g Fett
6,7 g Eiweiß

1 Bringen Sie die Milch zum Kochen und rühren Sie den Grieß dann möglichst schnell und ohne Klümpchen unter. Lassen Sie den Brei auf niedriger Hitze köcheln, bis eine feste Masse entsteht. Rühren Sie dabei die ganze Zeit, damit nichts anbrennt. Dann sollten Sie das Ei unter die Grießmasse rühren.

2 Im nächsten Schritt wird der Grießbrei auf einem Teller oder einem Brettchen verteilt, bis eine Schicht von etwa zwei Zentimetern Höhe entsteht. Lassen Sie die Masse nun im Kühlschrank abkühlen, bis sie ganz fest wird.

3 Stechen Sie jetzt mit Formen aus oder schneiden Sie die Schnitten in mundgerechte Stücke.

4 Zum Schluss werden die Schnitten auf einem Backblech mit Backpapier für 10–15 Minuten im vorgeheizten Backofen bei 170 Grad Celsius Ober- und Unterhitze gebacken.

Zu den Schnitten passt Obstmus perfekt, aber auch Joghurt. Nach dem ersten Geburtstag können sie auch mit etwas Zucker oder Honig gereicht werden. Wenn Sie die Schnitten schon am Abend vorher zubereiten und morgens nur noch fix in den Backofen schieben, haben Sie ein ideales Frühstück für Ihr Baby. Probieren Sie es aus!

VEGETARISCHES MÖHREN-KARTOFFEL-GEMÜSE AB DEM ZEHNTEN MONAT

Dieses glutenfreie Rezept schmeckt allen kleinen Kindern und führt sie optimal an die Familienkost heran. Auch Erwachsene kommen hier auf ihre Kosten. Das Rezept ist unkompliziert und macht durch die Kartoffeln lange satt. Sie können die Mengen im Rezept ganz einfach anpassen, wenn Sie pro Portion mit zwei Kartoffeln und zwei Möhren rechnen.

Zutaten für 2 Port.

4 Kartoffeln (am besten mehlig kochende)
4 Möhren
etwas Butter

Nährwerte pro Portion

196,1 kcal
31,9 g Kohlenhydrate
4,3 g Fett
4,1 g Eiweiß

1 Schälen Sie die Kartoffeln und Möhren und schneiden Sie sie in kleine Stückchen. Geben Sie sie anschließend in einen Topf, bedecken sie knapp mit Wasser und kochen sie, bis sie bissfest sind. Gießen Sie das Wasser ab und fügen Sie einen Esslöffel Butter zum Gemüse hinzu.

GEMÜSECHIPS – DER IDEALE ZUCKERFREIE UND SALZARME SNACK FÜR IHR BABY

Dieses Rezept ist vegetarisch und glutenfrei und ab dem siebten Monat geeignet. Die Chips lassen sich ganz leicht zubereiten und sind auch für Erwachsene, die sich gesund ernähren wollen, eine tolle Idee. Sie sind nicht nur zuckerfrei und salzarm, sondern auch noch voller gesunder Vitamine.

Zutaten

Olivenöl
Gemüse der Saison nach Geschmack, am besten eignen sich Kartoffeln, Möhren, Süßkartoffeln oder Zucchini

Nährwerte je 50 g Chips

263,5 kcal
18,4 g Kohlenhydrate
18,3 g Fett
2,8 g Eiweiß

1 Schälen Sie das Gemüse und schneiden Sie es in richtig dünne Scheiben.

2 Geben Sie die Scheiben nun in eine Schüssel, fügen Sie einen Teelöffel Olivenöl hinzu und rühren Sie kräftig um, bis sich das Öl gut verteilt hat. Wenn Sie mögen, können Sie auch noch Kräuter wie Dill oder italienische Kräuter wie Basilikum für eine mediterrane Note hinzufügen.

3 Heizen Sie den Backofen jetzt auf 180 Grad Celsius vor und verteilen Sie die Scheiben auf einem Backblech oder Rost, das Sie mit Backpapier ausgelegt haben.

4 Lassen Sie die Chips für ungefähr zehn Minuten backen und wenden Sie sie dann. Backen Sie sie erneut für ungefähr zehn Minuten, bis sie knusprig sind. Die Chips sind fertig, wenn sie anfangen, sich zusammenzuziehen und leicht zu wellen. Essen Sie die Chips am besten direkt oder verpacken Sie sie in einer luftdichten Dose und lagern Sie sie an einem kühlen Ort.

VEGETARISCHE LINSENBOLOGNESE AB ZEHN MONATEN

Fast alle Kinder lieben Nudeln, Ihr Baby sicherlich auch. Dieses vegetarische Rezept stellt eine leckere und gesunde Alternative zur klassischen Bolognesesauce dar und ist superschnell zubereitet. Das Rezept schmeckt der ganzen Familie und kann auch sehr gut auf Vorrat gekocht und eingefroren werden. Tipp: Nehmen Sie als Nudeln am besten Penne. Diese können von Ihrem Kind gut gegriffen werden und die Sauerei ist nicht so groß wie bei Spaghetti.

Zutaten für 4 Port.

120 g rote Linsen
1 Päckchen passierte Tomaten
1/2 Zwiebel
1 Möhre
1 Scheibe Sellerie
1 Knoblauchzehe
1 TL Tomatenmark
100 ml Gemüsebrühe
etwas Olivenöl

1 Schälen Sie die Zwiebel, den Knoblauch, die Möhre und den Sellerie und schneiden Sie alles klein. Erhitzen Sie dann das Öl in einer Pfanne und braten Sie die Zutaten darin an.

2 Geben Sie das Tomatenmark hinzu, rühren es kräftig unter und löschen Sie den Inhalt der Pfanne dann mit den passierten Tomaten und der Gemüsebrühe ab.

3 Fügen Sie nun die Linsen hinzu und lassen Sie die Bolognese für 10–12 Minuten bei kleiner Hitze köcheln.

Würzen Sie die Sauce dann nach Geschmack mit italienischen Kräutern.

Nährwerte pro Portion

207,2 kcal
29,7 g Kohlenhydrate
4,2 g Fett
10,3 g Eiweiß

Wie sollte ich mein Baby erziehen – Warum Babys keine Erziehung brauchen

Vielleicht fragen Sie sich, warum das Thema Erziehung in diesem Buch bislang nicht angeschnitten wurde. Das ist eigentlich ganz einfach: Babys müssen nicht erzogen werden. Babys sollten im ersten Lebensjahr so viel Liebe und Zuneigung erhalten, wie sie sich wünschen. Babys haben in diesem Alter noch keinen freien Willen und können deshalb auch gar nicht erzogen werden. Alles, was Babys tun, hat einen Grund – die Befriedigung ihrer Bedürfnisse.

Alte Sprüche wie „Schreien kräftigt die Lunge" sind daher völlig überholt und können Ihr Baby nachhaltig schädigen und sein Vertrauen in Sie schwächen. Wenn ein Baby schreit, dann hat es ein wichtiges Bedürfnis, das Sie befriedigen sollten. Ihr Baby möchte essen, gekuschelt werden, Aufmerksamkeit oder eine frische Windel. Und Sie sollten Ihrem Baby dieses Bedürfnis erfüllen.

Ein Baby kann im ersten Lebensjahr gar nicht zu viel Liebe bekommen oder zu sehr verwöhnt werden. Verwöhnen Sie Ihr Baby, geben Sie ihm alle Aufmerksamkeit, Zuwendung und Liebe, die es haben möchte. Ein Baby braucht Liebe und Zuwendung, um zu gedeihen. Je mehr Liebe Sie Ihrem Baby geben, je mehr Zärtlichkeit und Aufmerksamkeit, desto besser wird es ihm gehen. Was Sie jedoch tatsächlich tun sollten, sobald Ihr Baby mobiler wird und über den Boden krabbelt oder robbt, ist, ihm die Bedeutung des Wortes „Nein" klarzumachen. Ihr Baby sollte verstehen, was Nein bedeutet, wenn es auf eine Steckdose zu krabbelt oder wenn es sich an Schränken und Regalen hochzieht. Dabei sollten Sie konsequent und bestimmt auftreten – zum Schutze Ihres Babys!

Wenn Ihr Baby sich beispielsweise einer Steckdose nähert, dann sagen Sie laut und bestimmt „Nein!" und ziehen es von dort weg. So wird Ihr Baby schnell verstehen, dass es nicht mit der Steckdose spielen darf.

Ihr Baby wird im zweiten Lebensjahr zum Kleinkind und fängt bewusst damit an, seine Grenzen auszutesten und abzustecken. Dann ist es an der Zeit, sich mit Erziehung zu beschäftigen.

Was Sie vorbereiten sollten – Wichtige Checklisten rund um Geburt und Baby

In diesem Kapitel erwarten Sie viele Checklisten für alle Eventualitäten rund ums Baby. Viele werdende Eltern zerbrechen sich schon in der Schwangerschaft den Kopf darüber, was sie alles beachten müssen: Was muss gekauft oder ausgeliehen werden? Wie mache ich die Wohnung kindersicher? Was muss in die Kliniktasche? Welche Behördengänge stehen an? Woran muss ich in Situation XY denken?

Damit Sie der kommenden Zeit gelassen entgegenblicken können, habe ich hier einige Listen für Sie zusammengestellt, die Ihnen dabei helfen können, an alles Wichtige zu denken. So haben Sie den Kopf frei und müssen sich nicht ständig fragen, ob Sie nicht doch irgendetwas vergessen haben.

Folgendes sollten Sie vor der Geburt gekauft haben – es ist deutlich weniger, als Sie denken.

Babysachen zu kaufen, macht jede Menge Spaß. Ich habe Ihnen hier alles zusammengestellt, was Sie wirklich benötigen. Damit Sie Geld sparen, können Sie vieles auch einfach gebraucht kaufen. Dann sind Schadstoffe, zum Beispiel aus Kleidung, in der Regel schon ausgewaschen. Damit Sie nach der Geburt nicht mit Geschenken überhäuft werden, die Sie eigentlich gar nicht brauchen, können Sie auch eine Babyliste erstellen, von der Ihre Freunde und Verwandten aussuchen können, was sie Ihnen und dem Baby schenken wollen.

Babykleidung:

- Kaufen Sie Kleidung für den Anfang am besten in Größe 56–62. Größe 50 passt vielen Babys schon direkt nach der Geburt nicht mehr.
- 6–8 Bodys, am besten mit einem großen Halsausschnitt
- 6 Oberteile, je nach Jahreszeit
- 5 Hosen oder Strampler
- 4–5 Strumpfhosen
- 3 Paar dicke Babysocken
- 3 Schlafanzüge, am besten einteilig
- 2 Mützen, eine dickere und eine dünnere
- 1 Jacke
- im Winter einen Winteranzug

Babypflege:

- Babyöl, möglichst ohne Parfum oder Zusätze
- Feuchttücher
- Handtücher und Waschlappen (die Badetücher mit Kapuze brauchen Sie nicht, ein normales Handtuch tut es genauso)
- Baby-Nagelschere
- Baby-Haarbürste
- evtl. eine Babybadewanne, wobei Sie diese nicht zwingend brauchen
- Badethermometer
- 5–10 Spucktücher

Für die Ernährung:

Generell empfehle ich auch Müttern, die stillen wollen, dass sie sich eine Packung Pre-Milch und eine Flasche mit Sauger kaufen, damit sie im Notfall einen Vorrat zu Hause haben, wenn es mit dem Stillen doch nicht funktioniert. Das nimmt meiner Erfahrung nach viel Druck aus der Situation.

Falls Sie stillen wollen:

- Stilleinlagen
- 3–4 Still-BHs (am besten in der Schwangerschaft erst einen kaufen, den Rest nach dem Milcheinschuss)
- Stillkissen, ist aber kein absolutes Muss

Falls Sie nicht stillen wollen:

- 4–6 Fläschchen mit Sauger Größe 1
- Pre-Nahrung
- Flaschenbürste

Für Babys Schlaf:

- Babybett mit hochwertiger Matratze
- Schlafsack
- wasserfester Matratzenbezug
- 2 Bettlaken
- Kaufen Sie keine Bettdecke und kein Kopfkissen! Es besteht Erstickungsgefahr.

Rund ums Wickeln:

- Wickelkommode (Viele Eltern wickeln auch einfach auf dem Bett oder anderswo. Ich persönlich finde, dass Wickelkommoden überbewertet werden. So verhält es sich auch mit anderen Möbeln für Babys. Zu Beginn reicht ein Fach im Schrank der Eltern. Babys brauchen noch keinen eigenen, riesigen Kleiderschrank.)
- waschbare Wickelauflage
- 2 Pakete Windeln
- Windeleimer
- Wickeltasche (oder ein normaler Rucksack oder eine Umhängetasche)
- Wundschutzcreme

Was Sie sonst noch brauchen:

- Kinderwagen
- Babytrage
- Babyfone, aber nur bei größeren Wohnungen oder Häusern
- Babyschale für das Auto, am besten eine, die auch auf den Kinderwagen gesetzt werden kann

Eine Orientierungshilfe zum Kauf von Babykleidung

Der Markt für Babykleidung ist riesig. Um Ihnen den Durchblick etwas zu erleichtern, können Sie sich an diesen Fragen orientieren:

- Sind die Materialien natürlich und schadstofffrei? Babys haben noch eine sehr dünne Haut, Schadstoffe werden also viel schneller aufgenommen.
- Sind die Kleidungsstücke so geschnitten, dass sie möglichst lange passen und mitwachsen? Mitwachsende Kleidungsstücke sind am sinnvollsten, kaufen Sie Strampler lieber ohne Fuß.
- Können die Kleidungsstücke auch von ungeübten Händen einfach angezogen werden? Also lieber Reißverschlüsse statt unzähliger Knöpfe.

- Lassen sich die unterschiedlichen Teile gut miteinander kombinieren? Kaufen Sie am besten alles in einem Farbschema.
- Können die Teile auf verschiedene Arten benutzt werden und haben verschiedene Funktionen? Manche Decken lassen sich beispielsweise noch zusätzlich zum Pucken verwenden. (Beim Pucken wird ein Baby fest in eine Decke gewickelt und beruhigt sich schneller, lassen Sie sich das am besten von Ihrer Hebamme zeigen!)
- Wenn Sie noch weitere Babys planen: Sind die Kleidungsstücke geschlechtsneutral?

Diese Behördengänge stehen an, wenn Ihr Baby auf der Welt ist:

- Melden Sie Ihr Baby innerhalb von 7 Werktagen nach der Geburt beim Standesamt an.
- Informieren Sie Ihre Krankenkasse über die Geburt des Babys.
- Beantragen Sie Kindergeld.
- Beantragen Sie Elterngeld.
- Beantragen Sie das Mutterschaftsgeld für die restliche Zeit des Mutterschutzes.
- Informieren Sie den zukünftigen Kinderarzt und machen Sie einen Termin für die U3 und Impfungen aus.
- Bei nicht verheirateten Eltern: Klären Sie die Vaterschaftsanerkennung und die Erklärung über das Sorgerecht.

Darauf sollten Sie achten, wenn Sie Ihre Wohnung kindersicher machen:

- Bringen Sie Kindersicherungen in den Steckdosen an.
- Lassen Sie offenliegende Kabel in Kabelkanälen verschwinden.
- Bringen Sie ein Schutzgitter am Herd an.
- Bringen Sie Reinigungsmittel, Medikamente und Kosmetika außer Reichweite.
- Statten Sie Schränke und Schubladen mit gefährlichem Inhalt mit Kindersicherungen aus.
- Sichern Sie scharfe und spitze Ecken und Kanten durch Schutzkappen ab.
- Stellen Sie giftige Zimmerpflanzen hoch.
- Entfernen Sie potenzielle Gefahrenquellen, die herunterfallen können, wenn an ihnen gezogen wird.
- Sichern Sie im Garten den Pool, Teich und andere Wasserquellen.
- Bringen Sie Treppengitter an.
- Sichern Sie Möbel vor dem Umkippen.
- Legen Sie rutschfeste Matten in die Dusche und in die Badewanne.

Wie mache ich am besten… – Die besten Tipps von Eltern für Eltern

In diesem Kapitel werde ich Ihnen praxiserprobte Tipps und Ratschläge mit auf den Weg geben, die Ihnen in schwierigen Situationen den Tag retten können. Manchmal gibt es eben Momente, in denen uns unsere Babys ganz schön ins Schwitzen bringen können. Meist gibt es Lösungen, auf die man in diesen Situationen gar nicht auf Anhieb selbst gekommen wäre, die aber sehr naheliegend und unkompliziert sind. Außerdem habe ich Tricks für Sie vorbereitet, mit denen Sie jede Menge Geld sparen können. Machen Sie sich bereit für die besten Tipps und Tricks von Eltern für Eltern! Suchen Sie sich ganz einfach die Ratschläge und Kniffe heraus, die Ihnen sinnvoll erscheinen. Alles kann, nichts muss.

Der Haargummi-Trick

Sind Sie eine Still-Mama? Beim Stillen ist es sinnvoll, nach jeder Mahlzeit die Brust zu tauschen, damit beide Brüste gleich beansprucht werden und so auch gleich viel Milch produzieren. Wenn eine Brust deutlich stärker als die andere belastet wird, führt das schneller zu wunden Brustwarzen und Entzündungen.

Damit Sie, auch wenn Sie völlig übernächtigt sind oder Stress haben, wissen, welche Seite als nächstes an der Reihe ist, sollten Sie am besten einfach ein Haargummi direkt nach einer Stillmahlzeit auf das Handgelenk ziehen, das an der Körperseite ist, an der als Nächstes gestillt werden soll. Total simpel, aber wirklich sinnvoll!

Die Wechselgarderobe für unterwegs

Wer mit Baby unterwegs ist, hat jede Menge Dinge dabei. Windeln, Feuchttücher, Spucktücher, Wechselkleidung und eventuell Zubehör, um entspannt eine neue Flasche anrühren zu können. Damit die Wechselkleidung dennoch an Ort und Stelle bleibt und Sie in Ihrer Tasche nicht in Hektik beispielsweise die Socken suchen müssen, gibt es einen Trick: Legen Sie die Ersatzhose auf den Body und rollen Sie beides zusammen. Um das „Kleidungspaket“ zusammenzuhalten, können Sie die so entstandene Rolle von jeder Seite mit einer Socke fixieren, indem Sie die Babysöckchen einfach über je ein Ende streifen. Super einfach, oder? So ist alles an Ort und Stelle, wenn Sie es benötigen!

So vermeiden Sie Unfälle beim Wickeln

Ein einfacher, aber sehr wirksamer Trick: Legen Sie beim Wickeln unter die alte Windel direkt die neue. So geht im Zweifelsfall weniger daneben und Sie müssen weniger putzen. Bei Flecken an der Kleidung gilt: Möglichst schnell einweichen lassen, am besten in kaltem Wasser und dann entweder mit Vorwaschspray oder Fleckenspray behandeln.

Der Tag-Nacht-Rhythmus hilft beim Schlafen

Viele Kinder schlafen nachts schlecht, was zu viel Stress und Ärger bei den Eltern führt. Das ist aber eigentlich ganz normal, denn Babys fällt es schwer, zwischen Tag und Nacht zu unterscheiden. Je eher Sie damit beginnen, Ihrem Kind den Unterschied zwischen Tag und Nacht beizubringen, desto eher wird es gelingen, dass Ihr Kind nachts länger am Stück schläft.

Lassen Sie Ihr Baby tagsüber im Hellen schlafen, nehmen Sie keine Rücksicht mit Ihrer Lautstärke. Nachts sollten Sie mit Ihrem Baby leise reden, wenn es wach wird, und das Licht gedimmt lassen. So werden die Nächte sowohl für Ihr Baby als auch für Sie deutlich erholsamer. Ihr Baby wird nachts länger am Stück schlafen und tagsüber wacher sein, die Umstellung geht schnell vonstatten. Probieren Sie es einfach mal aus!

Was Sie mit Muttermilch alles machen können

Muttermilch hilft gegen viele Problemchen bei Neugeborenen und Babys. In Muttermilch sind entzündungshemmende Stoffe enthalten, die in vielen Situationen helfen können. Muttermilch ist kostenlos und immer verfügbar. Wenn Sie stillen, sollten Sie sich die folgenden Tipps also ganz besonders gut durchlesen.

Muttermilch hilft gegen Kopfgneis, trockene Haut, Pickelchen und verkrusteten Schmutz, probieren Sie es aus! Wenn Ihr Baby unter Kopfgneis leidet, geben Sie etwas Muttermilch auf ein Wattepad und tupfen Sie behutsam über die betroffenen Stellen. Lassen Sie die Milch nun für einige Minuten einwirken und rubbeln Sie die Stelle danach mit einem feuchten Wattepad ab. Das geht sehr einfach und

Sie brauchen keine Kraft aufzuwenden. Für die Haut Ihres Babys ist das auch deutlich angenehmer und schonender als Cremes oder Öle. Bei Pickeln und verkrustetem Schmutz können Sie ähnlich vorgehen. Auch ins Badewasser können Sie einen Spritzer Muttermilch geben, so wird die Haut Ihres Babys geschützt und trocknet nicht so schnell aus. Sie können die Milch auch einfrieren: Einfach jeweils einen Spritzer in einen Eiswürfelbehälter geben; so brauchen Sie auch nicht abzupumpen und eine teure Milchpumpe anzuschaffen.

So entfernen Sie Mekonium am besten

In den ersten Tagen nach der Geburt scheidet Ihr Baby keinen normalen Stuhlgang aus, sondern das schwarz-grüne, zähe Mekonium, das sogenannte Kindspech. Mekonium klebt besonders zäh an der Haut des Babys. Die Standard-Feuchttücher helfen hier nicht weiter. Mit ganz normalem Leitungswasser werden Sie die schwarze Flüssigkeit viel leichter abbekommen. Verwenden Sie dazu am besten ein Wattepad.

Schneiden Sie die Fingernägel Ihres Babys am besten beim Schlafen

Die Fingernägel von Babys zu schneiden, ist für viele Eltern eine Herausforderung. Die Nägel sind so klein, die Finger so zart und zerbrechlich. Aber wenn die Nägel nicht geschnitten werden, führt das zu Kratzern im Gesicht des Babys. Also führt kein Weg am Schneiden vorbei. Warten Sie mit dem Schneiden am besten, bis Ihr Baby tief und fest schläft. So bewegt es sich weniger und Sie können sich Zeit lassen und behutsam vorgehen. Viele Eltern handhaben das sogar bei ihren Kleinkindern noch so.

Zu große Strampler passend machen

Wenn Neugeborene nach der Geburt noch winzig sind, verschwinden die Beine und Füße des Babys häufig in den Stramplern. Sie können das verhindern, indem Sie einfach ein Paar Babysöckchen von außen über den Strampler und die Füße ziehen. So bleibt alles da, wo es hingehört!

Sparen Sie sich die Babybadewanne

Die meisten Eltern investieren Geld in eine Babybadewanne. Sparen Sie sich das Geld lieber. Die niedrige Höhe auf dem Fußboden ist für den Rücken ziemlich belastend und es dauert lange, die Wanne per Hand zu befüllen und dann wieder auszuleeren. Viel einfacher ist es, wenn Sie Ihr Baby im Waschbecken baden. Die Höhe ist rückenschonend und auf Dauer viel angenehmer für Sie. Das Wasser müssen Sie anschließend nicht auskippen. Dieser Trick spart also auch Zeit!

Der Trick mit dem Gymnastikball

Kennen Sie diese großen Gymnastikbälle? Vielleicht noch aus der Geburtsvorbereitung oder dem Schwangerschaftsfitnesskurs. Diese Bälle sind nicht nur für Sie praktisch, um Ihre Beweglichkeit zu fördern und zu erhalten, sondern auch, um Ihr Baby zu beruhigen. Nehmen Sie es auf den Arm und hopsen Sie leicht auf dem Ball auf und ab. Alternativ können Sie auch auf dem Ball hin- und herkreisen. Besonders angenehm ist dieser Trick, wenn Ihre Arme schon müde sind, weil Sie das Baby lange getragen haben.

Vorgekochtes Essen gut portionieren

Zu Beginn der Beikosteinführung essen Babys immer nur ganz wenige Löffel von der teuren oder liebevoll zubereiteten Nahrung. Hier ist es sinnvoll, die fertige Nahrung oder das frisch gekochte Essen in den klassischen Eiswürfelportionierern einzufrieren. So können Sie dann pro Mahlzeit einen oder zwei der Würfel auftauen und verschwenden deutlich weniger Nahrung. Geld sparen Sie damit auch noch!

Der Wäschekorb in der Badewanne

Sobald Ihr Baby sitzen kann, wird es Zeit, in der großen Wanne zu baden, weil das Waschbecken zu klein geworden ist. Problematisch ist dabei aber häufig, dass das Sitzen auf dem rutschigen Wannenboden schwierig ist und das Spielzeug durch die ganze Wanne treibt. Dafür gibt es einen ganz einfachen Trick! Nehmen Sie einen Wäschekorb mit Löchern, stellen Sie ihn mit dem Baby und dem Spielzeug in die Badewanne und füllen Sie die Wanne mit Wasser. So sitzt Ihr Baby sicher an einer Stelle, rutscht nicht aus und sein Spielzeug kann nicht wegtreiben. Richtig simpel und praktisch!

Mit Zuckerwasser gegen Schmerzen vorgehen

Ab und zu sind Babys Schmerzen ausgesetzt, die wir nicht verhindern können. Wir können es unserem Baby aber deutlich angenehmer und einfacher machen,

Schmerzen zu ertragen, ohne direkt zu Medikamenten greifen zu müssen.

Solche Situationen sind zum Beispiel Impfungen beim Kinderarzt. Die Schmerzen, die durch die Spritze entstehen, können abgemildert werden, wenn Sie Ihrem Baby kurz vorher ein bisschen Zuckerwasser geben. Zucker sorgt für die Ausschüttung von schmerzstillenden Substanzen im Gehirn und beruhigt Ihr Baby. Und solange Sie Ihrem Baby das Zuckerwasser nur in Ausnahmesituationen geben, ist das auch vollkommen okay und nicht weiter schädlich. Stellen Sie das Zuckerwasser ganz einfach selbst her, indem Sie zwei TL abgekochtes, aber abgekühltes Wasser mit einem TL ganz normalem Haushaltszucker mischen.

Was ich Ihnen noch mit auf den Weg geben möchte – Nachwort

Nun sind wir schon am Ende dieses Buches angelangt. Und Sie am Ende des ersten Jahres mit Baby? Viele Eltern befällt zum Ende der Babyzeit eine tiefe Wehmut. Das Baby ist so schnell groß geworden! Es krabbelt schon, läuft vielleicht sogar schon. Es brabbelt die ersten Silben, sagt vielleicht schon Mama. Es zeigt auf Dinge, kann sich nach und nach immer besser verständlich machen. Viele Mamas und Papas sind beim Anblick der ersten Kerze auf dem Geburtstagskuchen ganz wehmütig und fragen sich, wo die Zeit geblieben ist. Die aufregende Zeit vor der Geburt, die anstrengende Geburt, das erste Mal das Baby im Arm halten... ist das wirklich schon ein Jahr her? Unfassbar.

Wenn Sie in Gedanken schwelgen möchten und wehmütig sind, dann lassen Sie diese Gefühle zu, die bei viele Eltern rund um den ersten Geburtstag ihres Kindes besonders stark werden. Lassen Sie die Geschehnisse vor einem Jahr Revue passieren, reden Sie gemeinsam ausführlich über Ihre Eindrücke und Erinnerungen. Langsam verblassen sie. Auch das ist normal! Seien Sie dankbar für das, was war, und freuen Sie sich auf das, was noch kommen wird! Ihre Zeit mit Kleinkind wird turbulent, trubelig und aufregend. Freuen Sie sich darauf!

Es gibt jedoch auch Eltern, die einfach froh darüber sind, dass Ihr Kind jetzt immer selbstständiger wird. Dass das Kleinkind selbst essen kann, nicht mehr gestillt werden muss, länger am Stück schläft, vielleicht sogar schon die ganze Nacht durchschläft. Für diese Eltern war die Babyzeit nicht so rosarot und wunderschön, wie sie häufig beschrieben wird. Auch das ist völlig normal! Wenn Sie zu dieser Gruppe Eltern gehören, brauchen Sie sich dafür nicht zu schämen. Nicht alle Eltern sind dafür geschaffen, in der rosaroten Babywelt aufzugehen. **Freuen Sie sich einfach auf die Zeit, die jetzt vor Ihnen liegt, mit einem immer selbstständiger werdenden Kind und vielen Abenteuern, die Sie gemeinsam erleben werden!**

Ich hoffe, dass Ihnen dieses Buch gefallen hat. Ich freue mich darüber, wenn die Ratschläge und Anregungen Ihnen auch in schwierigen Situationen geholfen haben, einen kühlen Kopf zu bewahren und den Alltag mit Baby besser zu organisieren. Wenn Sie die eine oder andere Situation erlebt haben, in denen Sie überfordert waren und einfach nicht mehr weiterwussten, dann brauchen Sie sich auch dafür nicht zu schämen. Das gehört einfach mit dazu. Alle Eltern durchleben im ersten Jahr viele Momente des Glücks, aber auch Momente der Verzweiflung, der Erschöpfung und der Resignation.

Kennen Sie den Spruch „Das erste Jahr ist das schwierigste Jahr"? An diesem Spruch ist so viel Wahres dran. Wenn Sie das erste Jahr mit Baby überstanden haben, dann haben Sie das Schwierigste schon hinter sich gebracht. **Seien Sie stolz!** Aus dem zarten und zerbrechlichen Wesen, das Sie im Kreißsaal das erste Mal zu Gesicht bekommen haben, ist ein zuckersüßer Wonneproppen geworden, der einen eigenen Charakter und einen eigenen Willen entwickelt hat.

Ich wünsche Ihnen, Ihrem Kind und Ihrer Familie auf Ihrem weiteren Weg von Herzen alles erdenklich Gute!

Herzlichst, Ihre Silvia Breitenbach

Quellen

- https://www.elternkompass.de/postpartale-depression-warum-manche-muetter-ihre-kinder-erst-lieben-lernen-muessen/
- https://www.papa.de/beziehungskrise-kind/
- https://www.elternkompass.de/baby-blues-6-tipps-gegen-das-stimmungstief-nach-der-geburt/
- https://www.elevit.de/babyglueck-stillzeit/stillen-oder-flasche
- https://www.kindergesundheit-info.de/themen/spielen/0-12-monate/spielen-von-babys/
- https://www.kindergesundheit-info.de/fileadmin/user_upload/kindergesundheit-info.de/Download/Spielen/Sicherer-Spielzeugkauf_BZgA_kindergesundheit-info_.pdf
- https://www.babyartikel.de/magazin/die-bindung-zu-eurem-baby-wie-ihr-sie-vertiefen-und-staerken-koennt
- https://www.familie.de/baby/schon-babys-brauchen-freunde/
- https://mamakreativ.com/lifehacks-fuer-frischgebackene-eltern-tipps-und-tricks-im-alltag-mit-baby/
- https://mamaskind.de/familie/life-hacks-tipps-baby-eltern/
- https://www.babyartikel.de/magazin/10-life-hacks-die-jede-neu-mama-kennen-sollte
- https://www.babyartikel.de/magazin/nachsorgehebamme-brauchst-du-sie-wirklich
- https://www.familie.de/baby/beikostreifezeichen-wann-dein-baby-bereit-fuer-beikost-ist/
- https://www.tausendkind.de/magazin/gesundheit-entwicklung/ratgeber-beikost_r11f2dC5O/
- https://www.babyartikel.de/magazin/baby-led-weaning
- https://www.breirezept.de/rezept_zucchini-bananen-muffins.html
- https://www.breirezept.de/rezept_apfelmusbroetchen.html
- https://www.breirezept.de/rezept_apfelpfannkuchen_mit_vollkornmehl_aus_dem_backofen.html
- https://www.breirezept.de/rezept_babykekse_ohne_zucker.html
- https://www.breirezept.de/rezept_bananen-pancakes.html
- https://www.breirezept.de/rezept_brot_ohne_salz.html
- https://www.breirezept.de/rezept_coucous-gemuese-baellchen.html
- https://www.breirezept.de/rezept_dinkelstangen_ohne_zucker.html
- https://www.breirezept.de/rezept_fruehstueckspizza-baby-kleinkind.html
- https://www.breirezept.de/rezept_haehnchen-curry-baby-kleinkind.html
- https://www.breirezept.de/rezept_lachs-zucchini-pfanne-couscous.html
- https://www.breirezept.de/rezept_moehrenpuffer-haferflocken.html
- https://www.breirezept.de/rezept_suesze_griesz-schnitten.html
- https://www.breirezept.de/rezept_waffeln_ohne_zucker.html
- https://www.breirezept.de/rezept_moehren-kartoffelgemuese.html

- https://www.breirezept.de/rezept_suesskartoffel-pommes-backofen.html
- https://www.breirezept.de/rezept_fruehstueck_fuer_das_kleinkind.html
- https://www.breirezept.de/rezept_gemuesechips.html
- https://www.breirezept.de/rezept_kuerbisbrei.html
- https://www.breirezept.de/rezept_birnen-pflaumen-brei.html
- https://www.breirezept.de/rezept_avocado-brei_mit_kartoffel.html
- https://www.breirezept.de/rezept_apfelkompott_und_selbstgemachter_apfelmus.html
- https://www.breirezept.de/rezept_bratapfelbrei.html
- https://www.breirezept.de/rezept_blumenkohl-kartoffel-brei.html
- https://www.breirezept.de/rezept_gemuese-risotto.html
- https://www.breirezept.de/rezept_griessbrei_mit_heidelbeeren.html
- https://www.breirezept.de/rezept_karottenbrei_mit_mais_getreide_und_milch_zum_abend.html
- https://www.breirezept.de/rezept_apfel-birnen-hirsebrei.html
- https://www.breirezept.de/rezept_gemuese-kartoffel-fleisch-brei.html
- https://www.netmoms.de/magazin/baby/wochenbett/rueckbildungsgymnastik/
- https://www.kindergesundheit-info.de/themen/entwicklung/0-12-monate/babys-pflege/wickeln/
- https://www.familienhandbuch.de/babys-kinder/entwicklung/saeugling/pflege/koerperpflegebeibabys.php
- https://www.match-patch.de/ratgeber/familie/patchworkfamilie-ein-geschwisterchen-kommt/
- https://www.swissmom.ch/de/wochenbett/leben-mit-dem-neugeborenen/alleinerziehende-mutter-10100
- https://blog.sigikid.de/wenn-mama-noch-ein-baby-bekommt-20-tipps-fuer-geschwisterkinder-2840/
- https://www.aletebewusst.de/bewusste-ernaehrung/ratgeber-beikost/beikost-schrittweise-einfuehren
- https://www.netpapa.de/kinder/baby/vaterrolle-im-1-lebensjahr/
- https://www.gesundundmutter.de/magazin/2020/02/17/vorbereitung-aufs-wochenbett-3-dinge-die-ich-gern-vor-der-geburt-gewusst-haette/
- https://www.penaten.de/beim-kinderarzt
- https://verflixteralltag.de/2016/05/eltern-im-forderwahn-oder-7-grunde/
- https://www.familie.de/baby/spielideen-fuer-babys-0-bis-6-monate/
- https://www.apotheken-umschau.de/familie/entwicklung/entwicklungskalender/entwicklungskalender-das-erste-lebensjahr-789309.html
  https://www.gofeminin.de/shopping/babyausstattung-s1850868.html
- https://familienportal.de/familienportal/lebenslagen/schwangerschaft-geburt/checkliste
- https://www.leben-und-erziehen.de/baby/ausstattung/checkliste-so-wird-die-wohnung-kindersicher-980324.html

Wir danken Ihnen für Ihr Interesse und Ihr Vertrauen. Als Dankeschön dafür, haben wir eine besondere Überraschung. Wir haben einen exklusiven **Leitfaden für frischgebackene Eltern – inklusive Checkliste, was ein Kind im ersten Jahr lernen sollte**. Und diesen erhalten Sie vollkommen kostenlos. Das klingt wunderbar? Dann warten Sie nicht lange und holen Sie sich Ihr Gratis-Geschenk.

Hier geht es zu Ihrem Gratis-Geschenk:

https://forms.gle/QZW28znJaSqb8zfM8

1. **Öffnen Sie die Kamera-App auf Ihrem Smartphone und richten Sie die Kamera auf den QR-Code.**
2. **Klicken Sie auf den Link, der Ihnen angezeigt wird und schon werden Sie zur Website weitergeleitet.**

Impressum

Herausgeber: Pegoa Global Media GmbH / Am Sandtorkai 27 / 20457 Hamburg
Kontakt: kontakt@pegoamedia.de
Coverbild: Shutterstock

Haftungsausschluss:
Die Nutzung dieses Buches und die Umsetzung der enthaltenen Informationen, Anleitungen und Strategien erfolgt auf eigenes Risiko. Der Autor kann für etwaige Schäden jeglicher Art aus keinem Rechtsgrund eine Haftung übernehmen. Haftungsansprüche gegen den Autor für Schäden materieller oder ideeller Art, die durch die Nutzung oder Nichtnutzung der Informationen bzw. durch die Nutzung fehlerhafter und/oder unvollständiger Informationen verursacht wurden, sind grundsätzlich ausgeschlossen. Rechts- und Schadenersatzansprüche sind daher ausgeschlossen. Dieses Werk wurde sorgfältig erarbeitet und niedergeschrieben. Der Autor übernimmt jedoch keinerlei Gewähr für die Aktualität, Vollständigkeit und Qualität der Informationen. Druckfehler und Falschinformationen können nicht vollständig ausgeschlossen werden. Es kann keine juristische Verantwortung sowie Haftung in irgendeiner Form für fehlerhafte Angaben vom Autor übernommen werden. Die bereitgestellten Analysen, Vorschläge, Ideen, Meinungen, Kommentare und Texte sind ausschließlich zur Information bestimmt und können ein individuelles Beratungsgespräch nicht ersetzen. Alle Informationen dieses Buches entsprechen dem Kenntnisstand zum Zeitpunkt des Verfassens dieses Buches. Eine Haftung für mittelbare und unmittelbare Folgen aus den Informationen dieses Buches ist somit ausgeschlossen.
Informieren Sie sich weitläufig aus unterschiedlichen Quellen und bedenken Sie, dass am Ende nur Sie für die Entscheidungen verantwortlich sind.

Haftung für externe Links:
Unser Angebot enthält Links zu externen Websites Dritter, auf deren Inhalte wir keinen Einfluss haben. Deshalb können wir für diese fremden Inhalte auch keine Gewähr übernehmen. Für die Inhalte der verlinkten Seiten ist stets der jeweilige Anbieter oder Betreiber der Seiten verantwortlich. Die verlinkten Seiten wurden zum Zeitpunkt der Verlinkung auf mögliche Rechtsverstöße überprüft. Rechtswidrige Inhalte waren zum Zeit-punkt der Verlinkung nicht erkennbar.